高等职业教育精品教材

大学生创新创业实践指导教程

主　编　聂　强　郑栋之
副主编　陈学昌　陈　岑　宋　超
　　　　尹克寒　龙琼阳　秦可人
　　　　刘长棋　钟　卫

U0403315

北京理工大学出版社
BEIJING INSTITUTE OF TECHNOLOGY PRESS

内 容 提 要

本书以"能力本位、问题导向、精准指导"为原则，针对大学生创新创业教育中的基础性、指导性、战略性问题展开研究，围绕知识经济时代与创新创业教育的时代背景，采取行动导向，采用理论与实践紧密嵌套的模式编写而成。本书分为14个项目，主要内容包括大学生创新创业教育基础、创新思维与创新理论、树立创新意识、掌握创新方法、提升创新能力、培养创新精神、创业和创业精神、创业准备、创业计划书、创业资源、创业融资、创办新企业、创新产品设计、企业战略管理。本书体例新颖，突出实践环节，实用性强，包含了项目导读、实训目标、实训流程、案例引入、案例反思、要点提示等多样化的实训方案。

本书可作为大学生创新创业教育通识课程的实训教材，也可作为相关创业人员的参考用书。

版权专有　侵权必究

图书在版编目（CIP）数据

大学生创新创业实践指导教程 / 聂强，郑栋之主编. -- 北京：北京理工大学出版社，2024.1
ISBN 978-7-5763-3522-4

Ⅰ.①大… Ⅱ.①聂…②郑… Ⅲ.①大学生 – 创业 – 高等学校 – 教材 Ⅳ.① G647.38

中国国家版本馆 CIP 数据核字（2024）第 019536 号

责任编辑：武丽娟	**文案编辑**：武丽娟
责任校对：刘亚男	**责任印制**：王美丽

出版发行 /	北京理工大学出版社有限责任公司
社　　址 /	北京市丰台区四合庄路 6 号
邮　　编 /	100070
电　　话 /	（010）68914026（教材售后服务热线）
	（010）68944437（课件资源服务热线）
网　　址 /	http://www.bitpress.com.cn
版 印 次 /	2024 年 1 月第 1 版第 1 次印刷
印　　刷 /	河北鑫彩博图印刷有限公司
开　　本 /	787 mm×1092 mm　1/16
印　　张 /	13
字　　数 /	314 千字
定　　价 /	39.00 元

图书出现印装质量问题，请拨打售后服务热线，负责调换

前 言

《关于深化高等学校创新创业教育改革的实施意见》提出总体目标：2015 年起全面深化高校创新创业教育改革。2017 年取得重要进展，形成科学先进、广泛认同、具有中国特色的创新创业教育理念，形成一批可复制可推广的制度成果，普及创新创业教育，实现新一轮大学生创业引领计划预期目标。到 2020 年建立健全课堂教学、自主学习、结合实践、指导帮扶、文化引领融为一体的高校创新创业教育体系，人才培养质量显著提升，学生的创新精神、创业意识和创新创业能力明显增强，投身创业实践的学生显著增加。

大学生作为我国年轻的知识分子人群，虽有较为丰富的知识储备但相较于其他高级知识分子创造力有所欠缺，是符合我国"十四五"规划的创业主要人群。但大学生这个群体社会实践经验与能力的欠缺，与创业的成功要素相矛盾，导致大部分大学生创业在初期就自行夭折，使大学生创业成为国家社会共同关注的话题。在"十四五"规划中，也针对这个现象有相应论述，给大学生创业带来了众多的机遇与挑战，大学生创业也将在这些机遇和挑战中走向新的高度。

本书的编写顺应当前创新创业教育改革的发展趋势，遵循创新创业教育的规律，借鉴国内外成功经验，较好地体现了创新创业实践的要求。本书以"能力本位、问题导向、精准指导"为原则，基于工作过程，采取行动导向，采用理论与实践紧密嵌套的编写模式，将创新创业基础理论知识以"项目—任务"形式设计为"实战式"的学习情景。

本书分为 14 个项目，主要包括大学生创新创业教育基础、创新思维与创新理论、树立创新意识、掌握创新方法、提升创新能力、培养创新精神、创业和创业精神、创业准备、创业计划书、创业资源、创业融资、创办新企业、创新产品设计、企业战略管理。本书内容丰富、形式多样、易于操作，包含了项目导读、实训目标、实训流程、案例引入、案例反思、要点提示等多样化的实训方案。相信通过本书的创新创业训练，能够提高大学生的创新意识，培养其创业精神，提高其创业能力。本书可作为大学生创新创业教育通识课程的实训教材，也可作为相关创业人员的参考用书。

本书由聂强、郑栋之担任主编，由陈学昌、陈岑、宋超、尹克寒、龙琼阳、秦可人、刘长棋、钟卫担任副主编。具体编写分工如下：聂强编写项目 1、项目 5，郑栋之编写项目2、项目6、项目7，尹克寒编写项目3，陈学昌编写项目4、项目14，陈岑编写项目8，宋超编写项目9，刘长棋编写项目10，钟卫编写项目11，龙琼阳编写项目12，秦可人编写项目13。

  本书在编写过程中，参考与借鉴了国内外一些原作者的相关内容与资料及相关网络资源，在此一并表示衷心的感谢。

  由于编者水平及时间所限，书中难免有不妥之处，恳请广大读者批评与指正。

编　者

目 录

项目 1　大学生创新创业教育基础 …………………………………………………… 1
　　实训 1.1　大学生创新创业典型案例分析 ………………………………………… 1
　　实训 1.2　大学生创新创业现状及需求 …………………………………………… 8
　　实训 1.3　规避大学生创业陷阱 …………………………………………………… 10

项目 2　创新思维与创新理论 …………………………………………………………… 14
　　实训 2.1　创新思维基础知识 ……………………………………………………… 14
　　实训 2.2　创新理论 ………………………………………………………………… 18

项目 3　树立创新意识 …………………………………………………………………… 21
　　实训 3.1　树立问题意识 …………………………………………………………… 21
　　实训 3.2　培养创新兴趣 …………………………………………………………… 25
　　实训 3.3　大学生创新意识现状 …………………………………………………… 29
　　实训 3.4　独特的自我介绍 ………………………………………………………… 33

项目 4　掌握创新方法 …………………………………………………………………… 36
　　实训 4.1　奥斯本检核表法 ………………………………………………………… 36
　　实训 4.2　头脑风暴法 ……………………………………………………………… 39
　　实训 4.3　列举分析法 ……………………………………………………………… 43
　　实训 4.4　组合创新法 ……………………………………………………………… 46
　　实训 4.5　和田十二法 ……………………………………………………………… 48

项目 5　提升创新能力 …………………………………………………………………… 50
　　实训 5.1　提高发现问题的能力 …………………………………………………… 50
　　实训 5.2　开发独立创新能力 ……………………………………………………… 55
　　实训 5.3　锻炼变通能力 …………………………………………………………… 57
　　实训 5.4　提高方案制定能力 ……………………………………………………… 60

项目 6　培养创新精神 …………………………………………………………………… 62
　　实训 6.1　坚持勇敢探索 …………………………………………………………… 62

实训 6.2　坚持艰苦奋斗 ··· 65
　　实训 6.3　培养献身精神 ··· 73

项目 7　创业和创业精神 ·· 77
　　实训 7.1　创业 ·· 77
　　实训 7.2　创业精神 ··· 84

项目 8　创业准备 ··· 88
　　实训 8.1　创业思路准备 ··· 88
　　实训 8.2　创业环境分析 ··· 91

项目 9　创业计划书 ·· 94
　　实训 9.1　拟订创业计划书 ·· 94
　　实训 9.2　创业计划小调研 ·· 98

项目 10　创业资源 ·· 105
　　实训 10.1　认识创业机会 ·· 105
　　实训 10.2　识别创业机会 ·· 110
　　实训 10.3　整合创业资源 ·· 115

项目 11　创业融资 ·· 121
　　实训 11.1　创业融资大盘点 ··· 121
　　实训 11.2　融资路演 ·· 134

项目 12　创办新企业 ··· 141
　　实训 12.1　企业组织形式 ·· 141
　　实训 12.2　企业选址 ·· 145
　　实训 12.3　企业注册 ·· 152
　　实训 12.4　商标注册 ·· 158

项目 13　创新产品设计 ·· 164
　　实训 13.1　新产品策划 ··· 165
　　实训 13.2　市场营销 ·· 179

项目 14　企业战略管理 ·· 188
　　实训 14.1　企业管理 ·· 188
　　实训 14.2　战略管理 ·· 195

项目 1

大学生创新创业教育基础

项目导读

　　创新创业教育以培养具有创业基本素质和开创型个性的人才为目标,不仅培育在校学生的创业意识、创新精神、创新创业能力,还面向全社会,针对那些打算创业、已经创业、成功创业的创业群体,分阶段分层次地进行创新思维培养和创业能力锻炼。创新创业教育本质上是一种实用教育。

项目实训

实训 1.1　大学生创新创业典型案例分析

实训目标

(1) 了解与分析不同类型大学生创新创业的特点。
(2) 掌握搜索材料和筛选材料的能力。
(3) 锻炼学生的分析能力、团队合作能力和口头表达能力。

实训流程

流程 1　"乔布斯与苹果公司"案例分析

阅读案例,回答问题。

【案例引入】

乔布斯与苹果公司

　　作为苹果公司的联合创始人,乔布斯曾在 1985 年被当时外聘的 CEO 扫地出门。那时,他还被很多人认为是一个喜怒无常的管理者,他曾经倡导的创新变革及他所坚持的全面控制也带来诸多枝节问题。1997年,乔布斯又重新掌管苹果。10年后,苹果的股票每股已从7美元飙升至74美元,市场价值620亿美元。这都归功于乔布斯在重回苹果公司后采取的一系列措施。

(1) 重回苹果公司后的乔布斯采取的第一个措施就是削减苹果的产品线,把正在开发的15种产品缩减到4种,而且裁掉一部分人员,节省了营运费用。之后,苹果远离那些用低端产品满足市场份额的要求,也不向公司不能占据领导地位的临近市场扩张。

(2) 发扬苹果的特色。苹果素以消费市场作为目标,所以乔布斯要使苹果成为计算机界的索尼。1998年6月上市的iMac拥有半透明的、果冻般圆润的蓝色机身,迅速成为一种时尚象征。在之后3年内,它一共售出了500万台。而如果摆脱掉外形设计的魅力,这款利润率达到23%的产品的所有配置都与前一代苹果计算机如出一辙。

(3) 开拓销售渠道,让美国领先的技术产品与服务零售商和经销商之一的CompUSA成为苹果在美国全国的专卖商,使Mac机销量大增。

(4) 调整结盟力量。同宿敌微软和解,取得微软对其1.5亿美元的投资,并继续为苹果机器开发软件。同时收回了对兼容厂家的技术使用许可,使它们不能再靠苹果的技术赚钱。

总之,乔布斯真正的秘密武器是他具有一种敏锐的感知能力,能将技术转化为普通消费者所渴望的东西,并通过各种市场营销手段刺激消费者成为苹果俱乐部的一员。

(5) 随着个人计算机业务发展的严峻形势,乔布斯毅然决定将苹果从单一的计算机硬件厂商向数字音乐领域多元化出击,于2001年推出了个人数字音乐播放器iPod。到2005年下半年,苹果公司已经销售了2 200万台iPod数字音乐播放器。在iPod推出后不到一年半,苹果的iTunes音乐店也于2003年4月开张,通过iTunes音乐店销售的音乐数量高达5亿首。在美国所有的合法音乐下载服务当中,苹果公司的iTunes音乐下载服务占据了其中的82%。与此同时,苹果也推出适合Windows个人计算机的iTunes版本,将iPod和iTunes音乐店的潜在市场扩大到整个世界。通过iPod和iTunes音乐店,苹果改写了PC、消费电子、音乐这3个产业的游戏规则。

(6) 每当有重要产品即将宣告完成时,苹果都会退回最本源的思考,并要求将产品推倒重来。

案例反思:

(1) 乔布斯在实施管理的过程中创新点在哪里?

_____
_____。

(2) 乔布斯是21世纪最成功的管理者之一,请评价乔布斯的管理方式。

_____
_____。

(3) 你从中受到了什么启示?简要概述。

_____
_____。

（4）请描述由此案例产生的创造性设想。

_____

_____。

要点提示

创新创业的重要性

1991年，东京创业创新教育国际会议从广义上把"创业创新教育"界定为：培养最具有开创性个性的人，包括首创精神、冒险精神、创业能力、独立工作能力以及技术、社交和管理技能的培养。

教育部在《关于大力推进高等学校创新创业教育和大学生自主创业工作的意见》中指出，"在高等学校开展创新创业教育，积极鼓励高校学生自主创业，是教育系统深入学习实践科学发展观，服务于创新型国家建设的重大战略举措；是深化高等教育教学改革，培养学生创新精神和实践能力的重要途径；是落实以创业带动就业，促进高校毕业生充分就业的重要措施"。

政府高度重视高校创新创业教育活动的开展，坚持强基础、搭平台、重引导的原则，打造良好的创新创业教育环境，优化创新创业的制度和服务环境，营造鼓励创新创业的校园文化环境，着力构建全覆盖、分层次、有体系的高校创新创业教育体系。

流程2　收集创新创业的典型案例并分组讨论

通过收集和阅读相关创新创业的典型案例，进一步了解创新创业的相关知识，分别记录案例的名称，及案例对大学生创业的借鉴意义。同时，通过分组讨论和分析案例，进一步锻炼学生的分析能力、团队合作能力和口头表达能力。

（1）案例名称。

_____

_____。

（2）借鉴意义。

_____

_____。

（3）以小组为单位，通过网络搜集创新创业案例。选择小组成员认为与本专业学生实际情况最相近的创新创业案例，小组代表以个人陈述的方式将该案例介绍给全班同学。分析指出本组所陈述的案例中创业成功或失败的主要原因，在校大学生可以从中吸取哪些经验或教训。具体实施步骤如下：

①教师布置实训项目及任务，并提示相关注意事项及要点。

②将班级成员划分为4~5个小组。小组成员既可以自由组合，也可以由教师指定组合。小组人数视班级总人数而定。每组选出组长1名、案例陈述代表1名、案例总结代表1名。

③以小组为单位，通过网络搜集创新创业案例若干。仔细阅读案例资料，充分展开讨论（课堂讨论或课外讨论均可）。选择其中最有启发性的案例作为实训的陈述对象。

④陈述之前，小组组长对本组的成员及各自承担的任务进行介绍，案例陈述代表以PPT形式进行案例陈述。

⑤自由讨论期间允许并鼓励其他小组成员提问，该组成员作出有针对性的解答。

⑥案例总结代表进行案例总结。
⑦各组组长组成评审团,对各组的表现进行评分。
⑧教师进行最后总结及点评,并分条进行评分。

流程3　制作大学生创新创业调查问卷

亲爱的朋友:

　　我们正在调查大学生创新创业的现状,如果您已经创业,请为学弟学妹们留下宝贵的建议,如果您还正在接受教育,同样希望留下宝贵的建议,顺便可以参考问卷得到一些灵感。我们将采取不记名的方式进行调查,对您的投票及资料保密,调查结果仅作研究之用,请您放心,谢谢您的合作。

(1) 您所在的城市是:

省份:

城市:

区/县:

(2) 您的性别:(　　)。

A. 男　　　　　　　　B. 女

(3) 您的职业:(　　)。

A. 行政/事业单位　　　B. 合资(包括外商独资)

C. 国营(包括集体)　　D. 私营　　　　　　E. 境内上市股份公司

F. 在校学生　　　　　 G. 其他

(4) 您受教育程度:(　　)。

A. 初中及以下　　　　B. 高中　　　　　　C. 大专

D. 本科　　　　　　　E. 硕士及以上

(5) 您是否有过打工兼职的经历?(　　)。

A. 有　　　　　　　　B. 无

(6) 您是否上过创新创业方面的培训或者课程?(　　)。

A. 有　　　　　　　　B. 无

(7) 您是否曾经想过创业,目前进行到哪一步了?(　　)。

A. 想过,并且一直在做,而且成果颇丰

B. 想过,也一直在做,但是成效一般

C. 正在做,刚起步,还没成为全职的工作

D. 想过,但从没做过,因为……

E. 从来没想过,因为……

F. 其他

(8) 如果您对自己的职业生涯有了新的想法,会努力去实现吗?(　　)。

A. 肯定会,我要把握自己的未来

B. 不确定,毕竟想法与现实还是有差距的

C. 肯定不会,通常新想法不被他人所接受

D. 其他

(9) 您对创业政策了解吗？（　　）。
A. 很熟悉　　　　　B. 了解一些
C. 知道但没了解　　D. 没听说过

(10) 您认为下面哪项最能帮助自己找到工作？（　　）。
A. 自己素质高，面试有技巧
B. 学习成绩优异
C. 父母及亲朋好友帮忙
D. 专业需求
E. 其他

(11) 您身边有自己创业的大学生吗？（　　）。
A. 无　　　　　　　B. 有，但做得一般
C. 有，并且做得很好

(12) 您曾经的同学有自己创业的吗，大概占多少？（　　）。
A. 无　　　　　　　B. 有，占百分之＿＿＿＿＿

(13) 您对大学生创业的看法是（　　）。
A. 反对　　　　　　B. 认同
C. 积极支持　　　　D. 积极参与

(14) 您认为大学期间创业是否会影响学习？（　　）。
A. 不会，学习实践并行
B. 会
C. 可能会可能不会，看创业者的能力、观念和态度

(15) 以下所列的现象中，您认同的是（　　）。
A. 创业计划大赛缺少对创业方案实施的扶持措施
B. 大学没有提供相应的课程和知识支持
C. 大学课本知识脱离实际
D. 大学为学生提供的社会实践太少
E. 缺乏专门的创业指导老师
F. 其他

(16) 您认为大学生有必要参加课外实践活动吗？（　　）。
A. 非常有必要，要主动去找
B. 有就参加，没有就算了
C. 没有必要

(17) 您认为就业指导课程对就业的帮助（　　）。
A. 很大
B. 一般
C. 没有

(18) 您认为创新精神和实践能力培养应该由谁发起？（　　）。
A. 学生自己
B. 教师或学校

C. 家长

D. 社会

E. 其他

(19) 上课时,您的老师有没有引导您从创新思路解决问题?(　　)。

A. 有,老师做得很好

B. 有,但老师做得还不够

C. 没有

(20) 您认为创新性人才具备哪些素质尤为重要?(　　)。

A. 独到的思维方式

B. 高科技素养

C. 团队精神

D. 探索精神

E. 勤奋

F. 良好的品德修养与责任感

G. 交流能力

H. 其他

(21) 您认为以下服务大学生创业的内容中,哪些较为重要?(　　)。

A. 资金或融资工具的支持

B. 创业教育

C. 孵化器(创业实践基地、创业基金等)

D. 教师支持

E. 创业大赛

F. 其他

(22) 您参加过哪些有利于创新能力培养的活动?(　　)。

A. 大学生创新基金

B. 类似"挑战杯"的各类大学生创业设计大赛

C. 数学建模大赛

D. 电子设计赛

E. 其他活动,例如　　　　

F. 没有

(23) 学校社团组织的活动丰富多彩,您觉得该如何选择以开发自身的创新能力呢?(　　)。

A. 每个活动都参加,积累经验

B. 去体验没有尝试过的内容,开阔视野

C. 根据兴趣或目的选择

D. 一切随缘,不在乎是否开发创新能力

E. 其他

(24) (多选题)您希望学校开设哪些实用的创业教育课程?(　　)。

A. 创业过程管理

B. 创业设计模式(构思)

C. 创业团队建设

D. 融资与资本动作

E. 市场与竞争技巧

F. 创业咨询

G. 其他，比如_____

(25) 如果高校通过以下几种方式开展创业教育内容，您更倾向于哪一种？（　　）。

A. 专家讲授创业必修课或选修课

B. 创业者讲授创业必修课或选修课

C. 由创业者或企业家提供定期讲座

D. 以创业实践和创业模拟分析作为创业指导课程主体

E. 其他

(26) 您希望学校为大学生创业提供哪些支持和平台呢？（　　）。

A. 场地

B. 硬性设施

C. 专家指导

D. 创业教育

E. 其他

(27) 您认为政府在大学生创新创业方面应该做哪些扶持？（　　）。

A. 大学生科技创业基金支持

B. 社会化专业化管理服务机构提供服务

C. 政策支持

D. 宣传鼓励

E. 政府不应该扶持，不应再出台过多的这类政策使大量大学生盲目地选择创业而荒废学业

F. 其他

(28) 您对大学生创新创业有什么看法或者见解吗？

_____
_____
_____
_____
_____
_____
_____
_____
_____。

实训 1.2　大学生创新创业现状及需求

实训目标

（1）了解大学生创新创业的现状。
（2）掌握编制问卷的基本方法。
（3）掌握数据整理、筛选、分析的能力。

实训流程

流程 1　设计调查问卷

设计大学生创新创业现状及需求的调查问卷，具体实施步骤如下。
（1）查找资料。通过网络或书籍等方式查找已有的相关文章和问卷。
（2）明确目的。在查找到的资料的基础上，进一步明确想要了解的关于大学生创新创业的内容，如创新创业认知、创业动机、创新创业困惑等。
（3）分析资料并编制问卷。通过分析搜集的资料，编制出调查问卷，可设计5~10道问卷调查题目。需要注意的是，问卷调查语言要简单明了、通俗易懂，以便被调查人易于回答。

要点提示

调查问卷的设计过程

调查问卷又称调查表或询问表，是以问题的形式系统地记载调查内容的一种印件。问卷可以是表格式、卡片式或簿记式。设计问卷，是询问调查的关键。完美的问卷必须具备两个功能，即能将问题传达给被问的人和使被问者乐于回答。要完成这两个功能，问卷设计时应当遵循一定的原则和程序，运用一定的技巧。

问卷设计的程序包括下列几个步骤。

1. 把握目的和内容

问卷设计的第一步就是要把握调研的目的和内容，这一步骤的实质其实就是规定设计问卷所需的信息。这同时也是方案设计的第一步。对于直接参与调研方案设计的研究者来说，他们也可以跳过这一步骤，而从问卷设计的第二个步骤开始。但是，对那些从未参与方案设计的研究者来说，着手进行问卷设计时，首要的工作是要充分地了解本项调研的目的和内容。为此需要认真讨论调研的目的、主题和理论假设，并细读研究方案，向方案设计者咨询，与他们进行讨论，将问题具体化、条理化和操作化，即变成一系列可以测量的变量或指标。

2. 收集资料

设计不是简单的凭空想象，要想把问卷设计得完善，研究者还需要了解更多的东西。问卷设计是一种需要经验和智慧的技术，它缺乏理论，因为没有什么科学的原则来保证得到一份最佳的或理想的问卷,与其说问卷设计是一门科学,还不如说是一门艺术。虽然也有一些规则可以遵循以避免错误,但好的问卷设计主要来自熟练的调研人员的创造性。

3. 确定调查方法

不同类型的调查方式对问卷设计是有影响的。在面访调查中,被调查者可以看到问题并与调查人员面对面地交谈,因此可以询问较长的、复杂的和多种类型的问题。在电话访问中,被调查者可以与调查员交谈,但是看不到问卷,这就决定了只能问一些短的和比较简单的问题。邮寄问卷是被调查者独自填写的,被调查者与调研者没有直接的交流,因此问题也应简单些并要给出详细的指导语。在计算机辅助访问(CAPI 和 CATI)中,可以实现较复杂的跳答和随机安排问题,以减小由问题顺序造成的偏差。人员面访和电话访问的问卷要以对话的风格来设计。

4. 确定内容

一旦决定了访问方法的类型,下一步就是确定每个问答题的内容:每个问答题应包括什么,以及由此组成的问卷应该问什么,是否全面与切中要害。

5. 决定结构

一般来说,调查问卷的问题有两种类型:封闭性问题和开放性问题。

开放性问题,又称为无结构的问答题,被调查者用他们自己的语言自由回答,不具体提供选择答案的问题。

开放性问题可以让被调查者充分地表达自己的看法和理由,并且比较深入,有时还可获得研究者始料未及的答案。它的缺点有:收集到的资料中无用信息较多,难以统计分析,面访时调查员的记录直接影响调查结果,并且由于回答费事,可能遭到拒答。

因此,开放性问题在探索性调研中是很有帮助的,但在大规模的抽样调查中,它就弊大于利了。

封闭性问答题,又称有结构的问答题,它规定了一组可供选择的答案和固定的回答格式。

封闭性问题的优点包括以下几个方面:①答案是标准化的,对答案进行编码和分析都比较容易。②回答者易于作答,有利于提高问卷的回收率。③问题的含义比较清楚。因为所提供的答案有助于理解题意,这样就可以避免回答者由于不理解题意而拒绝回答。

封闭性问题也存在一些缺点:①当回答者对题目不正确理解时,难以觉察出来。②可能产生"顺序偏差"或"位置偏差",即被调查者选择答案可能与该答案的排列位置有关。研究表明,对陈述性答案被调查者趋向于选第一个或最后一个答案,特别是第一个答案。而对一组数字,数量或价格则趋向于取中间位置的。为了减少顺序偏差,可以准备几种形式的问卷,每种形式的问卷答案排列的顺序都不同。

6. 其他

(1) 决定问题的措辞。

(2) 安排问题的顺序。

(3) 确定格式和排版。

(4) 拟定问卷的初稿和预调查。

(5) 制成正式问卷。

流程 2　实施调研

整理好调查问卷之后,可以通过在线收集和实地发放问卷的方法开展调研工作。在线收集可以通过多种方式完成,例如,可以通过各种网络平台实现,若要实地发放问卷,则需要将调查问卷打印出来,然后实地发放问卷并统计,耗费时间和精力较多。同学们可根据实际情况加以选择。

流程 3　分析并汇报调研结果

讨论出大学生创新创业现状和学习需求的调研结果汇报提纲,撰写汇报的演讲稿,安排专人进行汇报,汇报后听取同学的建议进行修改。

(1) 调研的目的是什么?
_____
_____。

(2) 调研的过程和结果怎么样?
_____
_____。

(3) 你怎么看这个调研过程?
_____
_____。

(4) 结合此次调研对你的启发,谈谈自己的想法,准备怎么做。
_____
_____。

实训 1.3　规避大学生创业陷阱

实训目标

(1) 学会识别大学生创业陷阱。
(2) 掌握规避大学生创业陷阱的方法。

实训流程

流程 1　"大学生创业贷款陷阱"案例分析

阅读案例,回答问题。

【案例引入】

大学生创业贷款陷阱

不知何时,大学生创业潮在校园内掀起,开网店、研发手机客户端……各类创新创业项目在学校内层出不穷,真是应了"大众创业、万众创新"的号召。让人不禁想问,大学生创业成功率高吗？如何才能避免陷阱、获得成功呢？知名大学生创业导师、大学生贷款专家、名校贷CEO曾庆辉接受记者采访时表示："大学生创业最主要的是缺乏资金与经验，资金可以通过大学生网络贷款平台得到解决，经验就需要创业者对大学生言传身教。"

从目前现实情况来看，大学生创业项目失败率较高，非但面临着资金短缺、经验缺乏、人际网络局限、创业能力弱等障碍，且因涉世不深，还对市场规则和商业法律认识不足，对创业中可能遭遇的合同诈骗、供应商跑路等情况都缺乏警醒，加上制度保障缺失，相关监管滞后，造成大学生的权益保障难，稍有不慎，便有"满盘皆输"的危险。也因此，很多创业的大学生尚未体味到创业的甜蜜，便尝到了失败的滋味，打击了整个大学生群体创业的积极性和主动性。

"以最简单的大学生创业贷款为例，众所周知，创业启动资金是创业初期最困难的一个环节。随着大学生网络贷款平台的兴起，针对大学生创业提供的低息贷款已经能够解决这一难题。但是问题也随之而来。"曾庆辉说，"由于行业竞争激烈，出现了百舸争流的行业混战局面，部分不良平台打着低息的口号向大学生群体放高利贷的消息屡屡见报，如何选择优质靠谱的平台对于大学生来说十分困惑。"

曾庆辉多次进入校园向同学们分享创业经历，将申请创业贷款的技巧与同学们交流，以下几条可为有贷款需求的创业大学生提供参考。

（1）利率要低。大学生没有收入来源，在创业初期一定要控制融资成本，在衡量自己资金需求、还款能力等因素之后，选择尽量低息的贷款更为有利，目前市面上利率在0.99%到1.5%不等。名校贷提供的就是0.99%的半公益性质贷款。

（2）额度要高。大学生创业需要一定的资金，否则将无以为继，还没有坚持到盈利，项目就将支持不下去，实在可惜。名校贷提供最高可达50 000元的低息贷款，能够充分满足创客们的需求。

（3）还款灵活。大学生没有固定的收入来源，通过兼职、实习、家庭支持、创业盈利进行还款，大学生要对未来有所规划，对资金有一定的支配规划，既不增加自己压力又能按时还款。

（4）最重要的一点，就是选择综合实力雄厚的大平台。或许有的平台能够提供5万、10万、15万的额度，有的平台降低0.1%、0.2%的利率，但实际上对于大学生而言要看重的还包括大学生贷款平台的实力，成立年限长、母公司背景强的公司将更加正规，也能更好地保障大学生的权益。

综合以上几点，相信大学生能够选出适合自己、综合实力强的靠谱平台，能够为自己创业第一桶金打下基础。"大学生贷款是第一步，接着还有团队建立、项目运营等诸多状况，一定要做好长期作战的吃苦准备才有可能获得成功。"曾庆辉说。

案例反思：

（1）通过阅读案例，你有何感想？

_____
_____
_____。

(2)如果创业，你是否会选择大学生创业贷款？

_____
_____
_____

流程2　"创业融资诈骗"案例分析

阅读案例，回答问题。

【案例引入】

创业融资诈骗

小李投资5万元开了一家小企业，如今的资产已增至20多万元，企业发展势头相当不错，但苦于资金有限，因此想通过融资扩大业务。他先后找过十几家风险投资公司和投资中介公司，都没有结果。就在小李快失去信心之时，终于遇见一家表示有兴趣的投资公司。这家公司自称是大型国有企业下属的风险投资公司，有项目专员、助理、副总、总监，像模像样，对小李的项目询问得很详细，评价也很好，投资部总监还表示"先做朋友、再做项目"。当时，小李非常感动，因此投资公司提出要考查项目的真实性，并且按惯例由项目方先预付考察费时，他毫无防备之心。钱寄出去之后不久，小李发现那家投资公司的电话、投资总监的手机号码全都变成了空号……

很多创业者认为，融资就是别人给钱，不会遇到骗子，因此就有了麻痹思想。其实，诈骗者远比人们想象的高明，他们利用创业者等米下锅又急于求成的心态，先是夸口公司规模、专业程度以取得创业者的信任，然后对融资项目大加赞赏，让创业者觉得遇上了"贵人"，最后借考察项目名义骗取考察费、公关费等，收费后就销声匿迹。因此，对创业者来说，除了要对投资公司的背景进行全面调查，还需要保持警惕的心态，特别是对各种付款要求，多问几个为什么，必要时可用法律合同来保障自己的利益。

案例反思：

（1）小李在创业过程中遇到了什么问题？

_____
_____
_____
_____

（2）大学生创业应该如何规避创业陷阱？

_____
_____
_____
_____

 要点提示

大学生创业的常见风险及规避措施

风险一：盲目选择项目

目前，大学生创业者选择的创业项目多集中在高科技产业和智力服务领域，如软件开发、网络服务、网页制作、家教中介、设计工作室等。此外，快餐、零售等连锁加盟店也颇受创业大学生的青睐。但大学生并不了解市场，如果缺乏前期的市场调研论证，只凭自己的兴趣和想象就决定投资方向，甚至一时心血来潮就决定干哪一行，一定会碰得"头破血流"。

*规避措施：*大学生创业者在创业初期一定要做好市场调研，也可委托专业机构进行可行性研究，在了解市场的基础上创业。一般来说，大学生创业者资金实力较弱，应选择启动资金不多、人手配备要求不高的项目，从小本经营做起。

风险二：缺乏创业技能

很多大学生创业者眼高手低，既不了解创业的相关政策、法规，也没有在相关企业工作、实践的经历，却对创业的期望值非常高。当创业计划转变为实际操作时，才发现自己根本不具备解决问题的能力，这样的创业无异于纸上谈兵。

*规避措施：*市场瞬息万变，时刻都有风险，要防范风险，大学生创业者只能靠增加自己的本领。一方面，大学生创业者可以去企业打工或实习，积累相关的管理和营销经验；另一方面，大学生创业者可以积极参加创业培训，积累创业知识，接受专业指导，提高创业成功率。

风险三：融资渠道单一

资金难筹几乎是每个大学生创业者都会遇到的难题。银行贷款申请难、手续复杂，如果没有更广阔的融资渠道，创业计划只能是一纸空文。

*规避措施：*广开渠道，除了银行贷款、自筹资金、民间借贷等传统方式，还可以充分利用风险投资、天使投资、创业基金等融资渠道。

风险四：社会资源贫乏

由于长期身处校园，大学生创业者所掌握的社会资源非常有限，而企业创建、市场开拓、产品推介等都需要调动社会资源，大学生创业者在这方面会感到非常吃力。

*规避措施：*大学生创业者平时应多参加各种社会实践活动，扩大人际交往的范围。大学生创业者在开始创业前，可以先到相关行业工作一段时间，为自己日后的创业积累经验和人脉。

风险五：管理过于随意

由于长期接受应试教育，不熟悉经营的"游戏规则"，大学生创业者虽然可能在专业技术上出类拔萃，但理财、营销、沟通、管理方面的能力普遍不足。此外，一些人存在一定的性格缺陷，如自以为是、刚愎自用等，这些都会影响创业成功的概率。

*规避措施：*要想创业成功，大学生创业者必须技术、经营两手抓，制定科学规范的管理制度。大学生创业者可以从合伙创业、家庭创业或低成本的虚拟店铺开始，锻炼创业能力，也可以聘用职业经理人负责企业的日常运作。

项目 2

创新思维与创新理论

项目导读

创新思维是创新能力的核心和基础,创新人才的发展主要是创新思维的发展。人是万物之灵,思维是人类拥有的最本质的特征,创新是知识经济时代的灵魂,因此,创新思维不是偶然的结构,而是时代的必然产物。我们所关注的创新,是一种新时代的思潮,是引导我们走向新时代的思潮。创新又是思维的结晶,俗话说"思路决定出路",没有创新的思维,便想不出创新的方法,就不能有创新的活动,也就没有创新的成果。

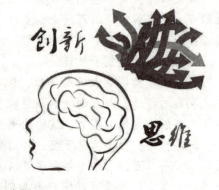

项目实训

实训 2.1 创新思维基础知识

实训目标

(1) 了解创新思维的含义。
(2) 熟悉创新思维的本质与基本类型。

实训流程

流程 1 "把梳子卖给和尚"案例分析

阅读案例,回答问题。

【案例引入】

把梳子卖给和尚

一家生产梳子的公司招聘业务员,经过面试后剩下三个人,最后一道题是:谁能把梳子卖给和尚?半个月后,三个人回来了。结果是:

甲：经过努力，最终卖出了1把梳子（在跑了无数的寺院、向无数的和尚进行推销之后，碰到了一个小和尚，因为头痒难耐，说服他把梳子当作一个挠痒的工具去买）。

乙：卖出了10把梳子（也跑了很多寺院，但都没有推销出去，正在绝望之时，忽然发现烧香的信徒中有个女客头发有点散乱，于是对寺院的主持说，这是一种对菩萨的不敬，终于说服了两家寺院每家买了五把梳子）。

丙：卖了1 500把，并且可能会卖出更多（在跑了几个寺院之后，没有卖出一把，感到很困难，便分析怎样才能卖出去。想到寺院一方面传道布经，另一方面也需要增加经济效益，前来烧香的信徒有的不远万里，应该有一种带回点什么的愿望。于是和寺院的主持商量，在梳子上刻上各种字，如虔诚梳、发财梳……并且分成不同档次，在香客求签后分发。结果寺院在采用之后反响很好，越来越多的寺院要求购买此类梳子）。

把梳子卖给和尚是很不容易的事情。因此这三个人都应该算是很优秀的销售人员。

案例反思：

(1) 从三个人完成任务的方式上我们能学到什么东西呢？

_____

_____。

(2) 从这则案例中受到了什么启发？简要概述。

_____

_____。

要点提示

创造性思维的作用

创造性思维可以不断地增加人类知识的总量，不断推进人类认识世界的水平。创造性思维因其对象的潜在特征，表明它是向着未知或不完全可知的领域进军，不断扩大着人们的认识范围，不断地把未被认识的东西变为可以认识和已经认识的东西，科学上每一次的发现和创造，都增加着人类的知识总量，为人类由必然王国进入自由王国不断地创造着条件。

创造性思维可以不断地提高人类的认识能力。创造性思维的特征已表明，创造性思维是一种高超的艺术，创造性思维活动及过程中的内在的东西是无法模仿的。这内在的东西即创造性思维能力。这种能力的获得依赖于人们对历史和现状的深刻了解，依赖于敏锐的观察能力和分析问题能力，依赖于平时知识的积累和知识面的拓展。而每一次创造性思维过程就是一次锻炼思维能力的过程，因为要想获得对未知世界的认识，人们就要不断地探索前人没有采用过的思维方法、思考角度去进行思维，就要独创性地寻求没有先例的办法和途径去正确、有效地观察问题、分析问题和解决问题，从而极大地提高人类认识未知事物的能力，所以，认识能力的提高离不开创造性思维。

创造性思维可以为实践开辟新的局面。创造性思维的独创性与风险性特征赋予了它敢于探索和创新的精神，在这种精神的支配下，人们不满于现状，不满于已有的知识和经验，总是力图探索客观世界中还未被认识的本质和规律，并以此为指导，进行开拓性的实践，开辟出人类实践活动的新领域。在中国，正是老一辈领导人创造性的思维，提出了中国特色社会主义理论，才有了中国翻天覆地的变化，才有了今天的轰轰烈烈的改革实践。相反，若没有创造性的思维，人类躺在已有的知识和经验上，坐享其成，那么，人类的实践活动就只能留在原有的水平上，实践活动的领域也非常狭小。

创造性思维是将来人类的主要活动方式和内容。历史上曾经发生过的工业革命没有完全把人从体力劳动中解放出来，而目前世界范围内的新技术革命，带来了生产的变革，全面的自动化，把人从机械劳动和机器中解放出来，从事着控制信息、编制程序的脑力劳动，而人工智能技术的推广和应用，使人所从事的一些简单的、具有一定逻辑规则的思维活动，可以交给"人工智能"去完成，从而又部分地把人从简单脑力劳动中解放出来。这样，人将有充分的精力把自己的知识、智力用于创造性的思维活动，把人类的文明推向一个新的高度。

流程2　"拿破仑——打破常规"案例分析

阅读案例，回答问题。

【案例引入】

拿破仑——打破常规

拿破仑·波拿巴，这位法国历史上的杰出军事和政治领袖，无疑是打破常规的化身。在他的统治期间，拿破仑引入了一系列的新法律，即拿破仑法典，这些法典至今仍对许多现代法律体系产生着影响。然而，除了他的政治和法律革新之外，拿破仑在战场上的战术和战略也体现了他的创造性思维。

在1805年的奥斯特里茨战役中，拿破仑面对联军的联合力量——俄国军队和奥地利军队。当时的常规战术是防守要地，增加兵力密度，以期形成坚不可摧的防线。但拿破仑采取了一种截然不同的策略。他故意展现出自己的弱点，撤出了奥斯特里茨的普拉岑高地，这个战略要地看似无人防守，极具诱惑力。联军看到了这个"机会"，便贸然攻占了普拉岑高地，以为能从高地上俯瞰并控制整个战场。

然而，这正是拿破仑的计谋。当联军分散在普拉岑高地上时，拿破仑的主力在他的指挥下迅速反击，切断了联军的退路，并将其包围。拿破仑的军队随后利用高地的地势优势对联军发起了猛烈的攻击。由于冬季的天气条件，联军在雾和冰冷的湖面上陷入混乱，无法有效组织防守。最终，拿破仑的军队赢得了这场被认为是军事战术巨作的战役。

拿破仑的这一胜利不仅巩固了他的权力，也显示了他的军事天才和对传统战术的颠覆。他不依赖常规，而是根据实际情况创造性地调整策略，这种能力让他在许多战役中取得了成功。奥斯特里茨战役成为拿破仑传奇生涯中的一个亮点，同时也是军事战术史上的一个转折点，它证明了创新和灵活的思维能够在看似不利的情况下取得胜利。

案例反思：

以上案例反映了什么问题？你有什么感想？带给你的启发有哪些？

_____
_____
_____
_____
_____。

流程 3　收集创新思维的名人名言

查找有关名人的创新思维的名言警句（至少 5 个人），并谈谈你对这几句话的理解。

人物	名言警句	个人感悟理解

流程 4　创新思维训练

认真思考分析给出的问题，并作答。

（1）在一次评选"香港小姐"的决赛中，主持人提出一个测试参赛小姐思维能力的难题："假如你必须在肖邦和希特勒两个人中间选择一个作为终身伴侣，你会选择哪一个呢？"

请思考：该小姐如何选择并对其选择作出解释。

_____

_____。

（2）洪长兴是上海著名的羊肉店，为了保证肉的质量，该店有专门供肉基地，整羊运来，店里的职工操刀拆卸、开料。因为店堂面积小，拆羊劳动强度大，每天供肉量有限。到了冬天羊肉销售旺季，来买肉的人排成长队，供不应求，许多顾客失望而去。这不但满足不了顾客的需求，而且营业额也受到很大影响。店堂小，供肉不足，成为该店发展的瓶颈。

请思考：你能否用逆向思维为该店想个办法，增加供肉量，满足顾客的需求。

_____

_____。

（3）某市郊区一个著名旅游景点的附近有几个"果树村"（以种植果树为主的山村），山坡上、山沟里分布着很多果林，有苹果树林、桃树林、杏树林、栗子树林。这几个"果树村"打算借旅游景点之利，开展一些能够吸引游客的活动，以增加收入。

请思考：你能否运用横向思维为他们想些办法？

_____

_____。

（4）国家男子篮球队到某城市参加比赛，该市有一家皮鞋厂，产品质量不错，但由于广告费用昂贵，该厂一直未能通过新闻媒体宣传其产品。请考虑，他们能否趁国家男篮比赛之机，策划一次少花钱而能够借新闻媒体宣传其产品的活动。

_____

_____。

（5）我国首次参加洛杉矶奥运会那年，广州市场汗衫积压严重，一再削价都销售不动。经营汗衫的公司能否从我国首次参加奥运会这一信息中受到启发，想出销售汗衫的办法。

_____

_____。

实训 2.2　创新理论

实训目标

（1）了解创新理论的环境。
（2）熟悉创新理论的发展。

实训流程

流程 1　"熊彼特创新理论"案例分析

阅读案例，回答问题。

【案例引入】

熊彼特创新理论

人们对创新概念的理解最早主要是从技术与经济相结合的角度，探讨技术创新在经济发展过程中的作用，主要代表人物是现代创新理论的提出者约瑟夫·熊彼特。独具特色的创新理论奠定了熊彼特在经济思想发展史研究领域的独特地位，也成为他经济思想发展史研究的主要成就。

熊彼特认为，所谓创新就是要"建立一种新的生产函数"，即"生产要素的重新组合"，就是要把一种从来没有的关于生产要素和生产条件的"新组合"引进生产体系中去，以实现对生产要素或生产条件的"新组合"；作为资本主义"灵魂"的"企业家"的职能就是实现"创新"，引进"新组合"；所谓"经济发展"就是指整个资本主义社会不断地实现这种"新组合"，或者说资本主义的经济发展就是这种不断创新的结果；而这种"新组合"的目的是获得潜在的利润，即最大限度地获取超额利润。周期性的经济波动正是起因于创新过程的非连续性和非均衡性，不同的创新对经济发展产生不同的影响，由此形成时间各一的经济周期；资本主义只是经济变动的一种形式或方法，它不可能是静止的，也不可能永远存在下去。当经济进步使得创新活动本身降为"例行事物"时，企业家将随着创新职能减弱，投资机会减少而消亡，资本主义不能再存在下去，社会将自动地、和平地进入社会主义。当然，他所理解的社会主义与马克思、恩格斯所理解的社会主义具有本质性的区别。因此，他提出，"创新"是资本主义经济增长和发展的动力，没有"创新"就没有资本主义的发展。

熊彼特以"创新理论"解释资本主义的本质特征，解释资本主义发生、发展和趋于灭亡的结局，从而闻名于资产阶级经济学界，影响颇大。他在《经济发展理论》一书中提出"创新理论"以后，又相继在《经济周期》和《资本主义、社会主义和民主主义》两书中加以运用和发挥，形成了以"创新理论"为基础的独特的理论体系。"创新理论"的最大特色，就是强调生产技术的革新和生产方法的变革在资本主义经济发展过程中至高无上的作用。但在分析中，他抽掉了资本主义的生产关系，掩盖了资本家对工人的剥削实质。

根据创新浪潮的起伏，熊彼特把资本主义经济的发展分为三个长波：①1787—1842 年是产业革命发生和发展时期。②1843—1897 年为蒸汽和钢铁时代。③1898 年以后为电气、化学和汽车工业时代。

第二次世界大战后,许多著名的经济学家也研究和发展了创新理论,20世纪70年代以来,门施、弗里曼、克拉克等用现代统计方法验证熊彼特的观点,并进一步发展创新理论,被称为"新熊彼特主义"和"泛熊彼特主义"。进入21世纪,信息技术推动下知识社会的形成及其对创新的影响进一步被认识,科学界进一步反思对技术创新的认识,创新被认为是各创新主体、创新要素交互复杂作用下的一种复杂涌现现象,是创新生态下技术进步与应用创新的创新双螺旋结构共同演进的产物,关注价值实现、关注用户参与的以人为本的创新2.0模式也成为新世纪对创新重新认识的探索和实践。

案例反思:

(1) 熊彼特创新理论的借鉴意义?
_____
_____
_____
_____

(2) 创新理论对我国经济发展的启示?
_____
_____
_____
_____

流程2 "关于奶茶的一万种可能"案例分析

阅读案例,回答问题。

【案例引入】

关于奶茶的一万种可能

食品消费品创业并不是一件容易的事情,产品、市场、品牌、运营、渠道、供应链、团队等必须得面面俱到。其中,除了团队之外最先需要考虑的便是产品,这也是作为一家初创公司最核心的一部分。不论品牌如何、渠道如何、供应链如何,这些都需要放到产品之后再进行考虑,随着消费环境的变化,消费者占主导权,现在食品消费品的竞争是从产品开始的。

某家食品创业公司有没有增长潜力,看产品的形态及产品的定位,拿到市场上是否能够分得食品巨头及其他大大小小食品公司的份额,以及基于现有的产品是否能够从小品类做到大市场。从"关茶"品牌的创立可见一斑。

小关2014年本科毕业于清华大学经管学院金融系。在法国留学期间,她选择入学巴黎蓝带厨艺学院学习法式西点。随后,她赴日本学茶,寻找最好的抹茶。2016年年初,她回到北京创立品牌"关茶"。"关茶"定位于健康、美味、创意的抹茶零食品牌,不添加任何香精和人工色素,保证款款都有正统的抹茶绿色和浓郁的抹茶口味,立志以世界级优质原料自主研发,探索关于抹茶的一万种可能,梦想着将抹茶文化在中国复兴。短短两年,"关茶"已开发线上线下共40余件单品,获得数百万天使投资,并于2017年1月完成了千万级Pre-A轮融资。目前集合了预包装食品和现制抹茶甜品、饮品、冰淇淋的"关茶"品牌体验店于2017年6月在北京三里屯盈科中心开业,第一个月就实现盈利。

一个新品牌如何能在这么短的时间成长起来?第一是产品质量。"关茶"坚持选用最优质的抹茶原料,纯天然无人工添加,不添加香精、人工色素、奶精,严格的质量控制管理与当今消费者注重绿色健康生活的理念十分契合。第二是产品技术创新,"关茶"以研发富含茶多酚的抹茶创意零食为主打产品,在不到两年的时间内先后开发出包括醇厚抹茶牛奶酱、抹茶拿铁、抹茶牛轧糖、抹茶生巧克力、抹茶巧心米果等在内的多种抹茶零食,其独特的配方和良好的口感及外形设计,完全不同于市场上的同类产品,博得众多青年消费者的青睐。值得一提的是,"关茶"不仅在产品原料和工艺上进行技术创新,还将用户体验与先进技术相结合,立志将每一款产品的细节做到完美。例如:关茶的第2款产品抹茶拿铁,采用了国内首创AB连包的包装形式,将抹茶与糖包分离,标识多维度糖分刻度。将用户体验放到企业研发产品的重要维度,也是关茶备受大众好评的原因之一。第三是商业模式创新,创始人小关在创业起步之初首先以青年烘焙爱好者为对象,通过微信群、公众号传播烘焙技艺和烘焙文化,写下了《清华女的巴黎学厨日记》系列文章,汇聚了近十万粉丝,大众对她的创业动态也充满了期待;在产品研发阶段,采用限额试吃、现场体验等方式和活动,加之有效的媒介宣传,让众多消费者产生了极大的购买欲望;当第一个产品醇厚抹茶牛奶酱成品后,即刻出现供不应求的局面;随后"北京关雎饮食文化有限公司"注册成立,产品研发、生产销售、仓储物流、市场拓展等一系列工作有序开展,市场覆盖到代餐健身、办公室下午茶、家庭DIY等不同的人群和消费场景,开展了多种形式的企业文化宣传活动,加之北京所具有的商业文化中心背景,短时间内其名声突起,产生了明显的品牌效应。2016年"双十一"即出现日销售50多万元的业绩。2017年"关茶"天猫旗舰店运营半年后经历了两次大考,"6·18"当天22分钟破10万元,"双十一"不到一小时破100万元,关茶与德芙、费列罗、好利来、好时等知名品牌共同排在同类产品前10名。

案例反思:

(1) 从关于奶茶成功的案例上我们能学到些什么呢?

(2) 从这则案例中受到什么启发?简要概述。

项目 3

树立创新意识

项目导读

创新意识是人们对创新与创新的价值性、重要性的一种认识水平、认识程度及由此形成的对待创新的态度,并以这种态度来规范和调整自己活动方向的一种稳定的精神态势。创新意识总是代表着一定社会主体奋斗的明确目标和价值指向性,成为一定主体产生稳定、持久创新需要、价值追求和思维定式及理性自觉的推动力量,成为唤醒、激励和发挥人所蕴含的潜在本质力量的重要精神力量。

项目实训

实训 3.1 树立问题意识

实训目标

(1) 了解问题意识的内涵。
(2) 熟悉问题意识的价值。
(3) 掌握树立问题意识的途径。

流程 1 " '火爆全球' 的 Mate 9 让世界认可华为创新"案例分析

阅读案例,回答问题。

【案例引入】

"火爆全球"的 Mate 9 让世界认可华为创新

如果盘点 2016 年最令人难忘的科技圈大事件,华为携 P9、Mate 9 在全球掀起的徕卡双摄风潮绝对是浓墨重彩的一笔。市场数据机构 IDC 报告显示，2016 年第一季度，华为智能手机在芬兰市场上的销量达到了苹果手机的十倍，芬兰作为诺基亚的故乡，很早就成为苹果和三星的地盘，然而在过去的一年里，华为却异军突起。

IDC 公布 2016 年智能手机出货量排名显示，在第一季度的快速上升后，到了 2016 年 10 月，华为智能手机市占率已经成功超越三星。同样，在葡萄牙和荷兰市场，华为手机销量也已经蹿升到第一，意大利、波兰、匈牙利、西班牙的手机市场上，华为产品销量也达到了第二。

2015 年，华为手机销量破亿，2016 年这一数字再次增长 30%，达到 1.4 亿台。市场调研机构 Gartner 的分析师表示："华为发展如此神速，它也是近几年最为成功的中国品牌。"笑傲欧洲之后，华为剑指美国，在 2017 年 1 月的 CES 展会上，官方正式宣布其旗下最新旗舰机型 Mate 9 将登陆美国市场。在相继拿下欧洲高地后，Mate 9 正式开启美国市场的高端收割节奏。

麒麟 960 的发布，可谓汇集了华为全球科学家和工程师共同协作、辛勤研发近十年的成果，其不仅拥有了更强的爆发力、耐力、视力、听力、沟通力、保护力，更在 GPU 和 CDMA 基带集成方面全面爆发。

得益于麒麟 960 将 CPU、GPU、Memory 等全新升级到最新 A73、MaliG71、UFS2.1 的爆发力，Mate 9 的多线程处理能力超越高通、苹果，领跑整个智能手机领域，单线程处理能力也是安卓阵营内头名，还彻底解放了 GPU，使其整体性能提升 180% 的同时，通过支持的 VULKAN 图形标准，再让 CPU 图像处理速度提升 4 倍，使得麒麟 960 具有强劲的爆发力。

麒麟 960 全新高能效的设计，给 Mate 9 带来了更强的续航能力，解决了用户对于传统大屏智能手机续航能力的担忧。麒麟 960 在沟通力上的进一步完善，令 Mate 9 对于全模全频的支持更加完善，令苹果 iPhone 多频段支持的优势荡然无存，全网通、全球双卡无缝漫游，给用户带来了真正可以一机走遍全球的通信解决方案。

值得一提的是，麒麟 960 的创新突破还受到了世界互联网大会的认可，在 2016 年 11 月第三届世界互联网大会上，网信办和工信部公布了 2016 年世界互联网领先科技成果奖，华为自研的 Mate 9 麒麟 960 芯片成为手机领域唯一获奖的硬件。作为华为最新一代智能终端旗舰处理器，麒麟 960 从全球众多优秀科技成果中脱颖而出，体现了其创新性与卓越性。

除此之外，麒麟 960 采用了全面升级的双摄技术，加载了第二代徕卡双镜头的 Mate 9，能够模拟人眼深度感知 3D 对焦，能够瞬间捕捉清晰图像，1 200 万像素的彩色和 2 000 万像素黑白双镜头在拍照时，模拟人类双眼的视物原理，双摄像头同时工作，彩色摄像头模拟人眼锥状细胞捕捉红蓝绿色彩，黑白摄像头则像是人眼杆状细胞侦测光线明暗，最后再通过借助徕卡带来的百年光学硬件水准和画质调校经验，将黑白和彩色照片信息进行合成优化，以使每一张照片达到徕卡品质成像标准。

而且，第二代徕卡双镜头更将景深表现提升一步，大光圈效果 2.0 中，仿生双镜头类似人眼的三角测距，真实还原主体与背景的远近，使得最终成像边缘过渡更准确，主体更突出，光斑形状清晰明亮，层次感丰富。

相继拿下多国高地市场，正是得益于华为始终以消费者为核心，聚焦有意义的创新，并且携手全球顶尖人才共同努力的结果。华为仍在不断努力与全球领先的合作伙伴协作创新，通过 Mate 9 再进一步地全球化，为消费者带来越来越多、越来越优质的智慧体验。

案例反思:

(1) 以上案例说明了什么道理?你认为意识问题有什么价值?

_____
_____
_____

(2) 你在课堂或生活中会经常有意识地发现问题吗?请举例说明。

_____
_____
_____
_____

流程 2 "面对鸦雀无声的会场" 案例分析

阅读案例,回答问题。

【案例引入】

伽利略——自由落体实验

伽利略是文艺复兴时期的科学家,他的观测和实验推翻了长久以来人们认为不可动摇的亚里士多德物理学原理。

伽利略的一个著名实验是在比萨斜塔进行的自由落体实验。当时普遍的信念是,重物比轻物下落得快,这一直未受质疑地被接受了几个世纪。但伽利略不这么认为,他质疑这个理论,坚持认为所有物体在真空中的下落速度是相同的。为了证明自己的理论,他进行了一系列实验。

1590 年的某一天,他带了两个大小一样但重量不等的铁球,一个重 10 磅,是实心的;另一个重 1 磅,是空心的。伽利略站在比萨斜塔上面,望着塔下。塔下面站满了前来观看的人,大家议论纷纷。有人讽刺说:"这个小伙子一定是有病了!亚里士多德的理论不会有错的!"实验开始了,伽利略两手各拿一个铁球,大声喊道:"下面的人们,你们看清楚,铁球就要落下去了。"

说完,他把两手同时张开。众目睽睽之下,两个铁球平行下落,几乎同时触地,这打破了当时的常识,证明了重量不同的物体以相同的速度下落。伽利略的试验,揭开了落体运动的秘密,推翻了亚里士多德的学说。这个实验在物理学的发展史上具有划时代的重要意义。

案例反思:

(1) 上述案例反映了什么问题?你有什么感想?

_____
_____
_____

（2）如果你当时在现场，你会相信两个铁球会同时落地吗？为什么？

_____
_____
_____。

（3）上述案例给了你什么启示？

_____
_____
_____
_____。

要点提示

大学生创新意识培养的注意事项

创新意识始于积极思维，始于提问。因此，培养大学生创新意识要注重以下几个方面。

（1）注重培养求知欲。学而创、创而学是创新的根本途径；青年要具备勤奋求知精神，不断地学习新知识，才能在自主创新中发挥生力军作用。

（2）注重培养好奇欲。将蒙昧时期的好奇心向求知时期的好奇心转化，这是坚持、发展好奇心的重要环节。要对自己接触到的现象保持旺盛的好奇心，要敢于在新奇的现象面前提出问题，不要怕提出的问题简单，不要怕被人耻笑。

（3）注重培养创造欲。不满足于现成的思想、观点、方法及物体的质量、功用，要经常思考如何在原有基础上创新发明、推陈出新，大脑里经常有"能否换个角度看问题？有没有更简捷有效的方法和途径？"等问题浮现。

（4）注重培养质疑欲。学起于思，思源于疑。有疑问才能促使学生去思考，去探索，去创新。因此，要鼓励青年大胆质疑，提出多种解决问题的方案及最佳方法。从多角度培养青年的思维能力，激励青年创新。鼓励青年提问是培养青年创新意识的重要途径。提出问题是获得知识的先导，只有提出问题，才能解决问题，才会前进。一定要以锐不可当的开拓精神，树立和提高自己的自信心，既要尊重名人和权威，虚心学习他们的丰富知识和经验，又要敢于超越他们，在他们已进行的创造性劳动的基础上再开始新的创造。

创新意识的培养是一种严肃、严密、严格的创造活动，要按客观规律办事；不能把创新意识培养简单化、表象化和庸俗化，不能降低创新精神的科学性和严肃性。大学生在培养创新意识的过程中一定要注意树立科学的创新理念，明确创新的真实含义，既要面对现状勇于创新，又要防止把创新当时髦口号，空谈误国，把创新当成没有实质性新内涵的新提法、新名词；既要着眼于解决现有手段不能解决的问题，又要着眼于用发展的眼光、发展的思维制定解决未来可能出现的新情况、新问题的措施。

大学生一定要注意把创新精神培养与科学求知态度结合起来，克服重创新的过程，轻创新的结果；克服重创新的数量，轻创新的质量；克服重一般的技术创造，轻科技含量高的、核心技术的创新的思想。与此同时，也要注意把创新精神培养与继承中华民族优秀传统文化紧密结合，"天行健，君子以自强不息。"大力弘扬以爱国主义为核心的民族精神和以改革创新为核心的时代精神，与时俱进，增强民族自信心和自豪感，增强自己培养创新意识的信心、勇气和能力。

实训 3.2　培养创新兴趣

实训目标

(1) 了解创新兴趣的意义与内涵。
(2) 熟悉创新兴趣的作用。
(3) 发现个人的创新兴趣。

实训流程

流程 1　"兴趣是创新之源"案例分析

阅读案例，回答问题。

【案例引入】

兴趣是创新之源
——诺贝尔物理学奖获得者杨振宁谈创新

"在创新方面，个人兴趣尤其是早年兴趣，常常扮演了非常重要的角色。"在 2015 年度求是奖颁奖典礼上，著名科学家、诺贝尔物理学奖获得者杨振宁在演讲中，与 300 余位科学家和中科大师生分享了他对科研创新的看法。

"兴趣是创新之源、成功之本。"在演讲中，杨振宁谈到世界上多个著名科学家的故事，他们的成功均与早年兴趣有关。1905 年，著名科学家爱因斯坦在 26 岁的时候，就写出了狭义相对论论文，这是人类历史上非常大的、观念上的革命。为什么一个 26 岁的年轻人，能做出这样的成果呢？杨振宁说，其实爱因斯坦还在读书的时候，在给女友的信中就透露出他对电动力学的浓厚兴趣，而这个电动力学，就是后来狭义相对论这一革命性理论的重要基础。

1953 年，世界生物学领域取得了巨大的、世纪性的重要发展——DNA 双螺旋结构学说的提出，那是美国青年学者沃森和英国生物学家克里克做出来的。杨振宁介绍，在很年轻的时候，两位科学家就意识到必须研究 DNA 分子结构，他们对此达到了痴迷的程度。当时，不少科学家对此有兴趣，但他们两位是比较专注的，这也是他们之所以成功的原因。

"20 世纪，数学界有一个重大的、世纪性的成就，由中国著名数学家陈省身完成，这与其兴趣有着根本的关系。"杨振宁提到，1944 年，陈省身完成了高斯-博内公式的简单内蕴证明，攻克了"几何学中极其重要和困难的问题"，该论文被誉为数学史上划时代的杰作，现代微分几何就起源于他的这一研究。高斯-博内定理，19 世纪就已经存在，但是局限在二维空间，陈省身把高斯-博内定理扩展到四维空间。生前，陈省身教授再三地表示，早在巴黎做博士后的时候，他就对这个定理产生了兴趣。后来，他在西南联大做教授时，仍然对这方面继续研究。研究中，他用新的技术和方法把二维的高斯-博内定理证明简化，浓厚的兴趣最终奠定了世纪性成果的根基。

"我一生所做的工作，最重要的就是规范场，这与我的兴趣也有密不可分的关系。"杨振宁如是说。1954年，杨振宁与年轻博士后Mills共同提出规范场理论，这是杨振宁在物理学领域的最高成就。"为什么我要写那一篇文章？那是因为我在西南联大读硕士研究生的时候，以及在芝加哥大学读博士研究生的时候，就对规范场产生了浓厚的兴趣。"杨振宁说，很久以前，就有科学家讨论了规范场，但讨论的规范场很漂亮却没有用处，而他一直对这个漂亮又没有多大用处的东西有浓厚的兴趣。"到了1954年，这个兴趣就发生了作用，当年杨-Mills规范场论（非阿贝尔规范场论）发表，这个后来成为我一生最重要的工作。"杨振宁说。规范场理论后来被普遍认为是20世纪后半叶基础物理学的总成就，主导了长期以来基础物理学的研究。

"做科研成功，有好几个非常重要的因素，其中最重要的一个是兴趣、一个是能力。"杨振宁说，但光有兴趣和能力还不够，做科研的人，很多对研究有很大的兴趣，也有很好的能力，可是并没有做出重要工作，为什么呢？"这是因为科研成功，还要有机遇。"杨振宁表示，"恰巧这个人在有兴趣又有能力的情况下，他的兴趣和能力与当时有机会发展的科学方向重叠在一起，这个时候他才有成功的希望。"

案例反思：

（1）以上材料说明了什么道理？你认为兴趣的作用是什么？

_____

_____。

（2）你身边有没有类似的事例？请举例说明。

_____

_____

_____。

 要点提示

创新兴趣的重要性

对创新的强烈兴趣，是进行创造活动最重要的心理条件之一，对一项创造活动只要有了兴趣，就能钻进去，不知疲倦、不畏艰险地去闯去干，同时，随着兴趣活动的进行，兴趣的满足并不会使这种兴趣消失而是会使兴趣丰富、深入和强化。如有位学生在化学课程学习中了解到酸性物质的一些特点后，产生了用食醋试一试其应用范围的想法。在兴趣的指引下，他收集了报刊上对于食醋功能的各种介绍，并进行了大量的实验以进行验证，从中体会到了学好化学的价值，由此立志要从事化学研究，后来考取了某大学的化学专业，最终成为一个出色的化学研究者，并在此领域进行了一次又一次的创新活动。兴趣是创新活动的向导。科学工作者对科技创新有兴趣，作家对文学创作有兴趣，艺术工作者对艺术创作有兴趣，这会使他们热心于相应的创新活动，并以能从事这种活动为乐，而丝毫体会不到创新的辛苦。

诺贝尔奖获得者丁肇中在实验室里经常连续几天几夜地工作。有人问他苦不苦，他笑着说："一点儿都不苦，相反，我觉得很快乐，因为我有兴趣，我急于要探索物质世界的秘

密。"郭沫若说过:"兴趣爱好有助于天才的形成。爱好出勤奋,勤奋出天才。"这就是说,一个人如果被某一事情或者某一种思想完全吸引,他就会对所有和这种事情或者这种思想联系的一切产生兴趣。当这种兴趣引起的求知直至突破的欲望完全控制了的时候,他就到了钻研入迷的程度。培养兴趣——创造入迷——获得成功,这往往是获得成功的三部曲。

爱因斯坦说过:"只有热爱才是最好的老师,它永远超过责任感。"这说明兴趣在学习中、科研中和其他创造性活动中的巨大作用。兴趣是创新活动的动力,强烈的求知欲和求知兴趣,能使人们获得广泛的知识,对学习与工作的兴趣,能使人观察敏锐、精力集中、思维深刻、想象丰富,有助于学习和工作效率的提高。兴趣是成才的起点,也是创新的起点,把兴趣、理想和事业融汇在一起,就可以获得辉煌的成就。

流程 2 收集创新兴趣的名人名言

查找有关创新兴趣的名言警句(至少 5 个),并谈谈你对这些名言的理解。

人物	名言警句	个人感悟理解

流程 3 列举个人创新兴趣,并评估

请将你个人创新兴趣的情况罗列下来,并给予评估。

领域	你对该领域的哪个方面感兴趣	你认为这个创新兴趣有什么价值

要点提示

兴趣的必要性

人们都有这样的体验:感兴趣的事就愿意做,做得再多也不觉得苦和累,不感兴趣的事就不愿意做,若勉强去做,即使事情不多,也感觉是件苦差事。兴趣何以有这样奇特的作用?按照心理学的分析,兴趣是一种同愉快情绪相联系的认识倾向性,它能促使人们相应行为的产生和维护,如学习科学知识,探索追求真理等。因此,人们常说:"兴趣是最好的老师。"教学是一种双主体的活动,教师是教的主体,学生是学的主体。教学活动有时是协调的,有时是不协调的。协调时,教学活动成为师生间教和学的良性互动循环过程;不协调时,预期的效果就不会出现。学生虽然是受教育者,但并不完全是被动的,而是能够能动发展的。教师如能调动起学生学习的兴趣,使学生主动地学习,则教学活动定能起到事半功倍的效果。

流程 4　大学生兴趣爱好调查问卷

亲爱的同学：你好！

你想知道自己是不是一个具有创新兴趣的人吗？完成以下测验，就可以了解自己的创新兴趣了。

（1）大学生活中你发展了自己的兴趣爱好了吗？（　　）。

A. 有　　　　　　　B. 没有

（2）你认为发展自己的兴趣爱好对自身有什么帮助？（　　）。

A. 陶冶情操，升华自我

B. 改善人际关系，可以拥有共同话题的朋友

C. 没什么作用，纯粹浪费时间

（3）以下哪种是你的兴趣爱好？（　　）。

A. 球类

B. 武术、跆拳道、双节棍

C. 吉他

D. 笛箫、葫芦丝

E. 棋类

F. 唱歌、跳舞

G. 溜冰

H. 游戏

I. 其他请填写_____

（4）如果学习你的兴趣爱好，你选择的途径是？（　　）。

A. 参加社团

B. 找与自己兴趣爱好相同的人做朋友学习交流

C. 通过网上资源学习了解

D. 其他

（5）你选择自己的兴趣爱好时考虑的因素是什么？（　　）。

A. 需要花费开支

B. 需要花费时间

C. 需要花费精力

D. 无所谓，喜欢就行

（6）如果学习你的兴趣爱好需要一定的开支，你接受吗？（　　）。

A. 愿意

B. 不愿意

（7）互联网上有关你兴趣爱好的信息、新闻，你关注吗？（　　）。

A. 很关注

B. 一般

C. 很少关注

D. 还没有关注过

(8) 从网络上了解关注自己的兴趣爱好时,你最希望获得什么?(　　)。
A. 通过网络认识与自己相同兴趣爱好的人
B. 获取互联网上有关兴趣爱好的知识技能
C. 关注自己爱好领域的偶像明星
D. 了解自己爱好方面的校内外活动、赛事
(9) 如果通过网络可以参与与自己爱好相关的校内外活动、赛事,你会?(　　)。
A. 只是在网上了解关注
B. 想参与但经济条件和时间不允许
C. 以前没有这方面的机会和平台
D. 很想有机会直接参与其活动赛事,进行校内外联合交流进步
(10) 关于兴趣爱好你的看法是?(　　)。
A. 只是自己一个人的事情
B. 愿意和更多兴趣相同的人一起学习
C. 仅仅是业余爱好而已,了解会一点就可以了
D. 想发展成为自己的特长,玩得更精、更有品位,提升自己

请回答:
(1) 对于所学的科学与技术专业,你认为应该培养哪些方面的兴趣爱好?

_____
_____。

(2) 如何培养大学生的创新兴趣?

_____
_____。

实训 3.3　大学生创新意识现状

实训目标

(1) 了解大学生创新意识的现状。
(2) 掌握大学生创新意识培养的方法。

实训流程

流程 1　你的创新意识强吗?

想知道你是否是一个勇于尝试新事物,积极进取的人吗?为自己,也为别人带来快乐。回答以下的测验,即可知道自己是不是了。

(1) 在周末的晚上,你不用做家务,因此你会?(　　)。
A. 招来几个朋友,在家看电影

B. 独自在家看电视

C. 独自到林荫路散步，或到商店购买些物品

（2）上次你改变发型是在什么时候？（　　）。

A. 五年前

B. 你从未连续两天梳同样的发型

C. 六个月前

（3）在餐馆进食时，你会？（　　）。

A. 常要同样的菜，也尝试其他不喜欢的菜

B. 如果别人说好吃，就尝试新的菜

C. 常要不同的菜

（4）你和家人刚旅行回来，旅途中经常下雨，朋友问你旅行的情况，你会？（　　）。

A. 说那虽不是理想旅行，但还是过得去

B. 抱怨天气，抱怨和家人旅行的不快

C. 一边描述可怕的旅途一边笑，但是，你也提到景色的美妙

（5）你的学校为学生提供义务工作的机会，你会？（　　）。

A. 立即登记，因为这可获得社会经验和认识新人

B. 知道这个意义，但是因为个人活动多，去不了

C. 根本不考虑登记，因为你听说过太多这样的工作了

（6）你和约会者吃完午餐，对方问你做什么，你会？（　　）。

A. 说"随便"

B. 说"如果你喜欢，我们看电影吧"

C. 提议到新开的俱乐部去，你听说那里很好

（7）在舞会上，给你介绍一位聪明的小伙子，你会？（　　）。

A. 谨慎和他交谈，话题一直限于天气、电影

B. 将你的生平故事告诉他

C. 将你上周听到的笑话讲给他听，然后问他是否想跳舞

（8）给你提供一个机会，作为交换学生到国外学习一个学期，由于时间紧迫，你会？（　　）。

A. 要求一周的时间考虑

B. 立即准备行装

C. 根本不考虑，因为你已订了学习计划

（9）你的朋友将她写的关于自由的文章给你看，你不同意她的观点，你会？（　　）。

A. 假装同意，因为担心说真话会伤害她的感情

B. 将你的感觉告诉她。

C. 改变话题闲谈，避开问题。

（10）你到鞋店打算买双简朴实用的鞋，结果你会？（　　）。

A. 买一双鞋，正好是你想买的

B. 买了一双红色的牛仔靴，既不简朴，也不实用

C. 买了一双很流行的鞋，你只能明年穿

【计分方法】

题号	(1)	(2)	(3)	(4)	(5)	(6)	(7)	(8)	(9)	(10)
A	1	3	3	2	1	3	2	2	3	3
B	3	1	2	3	2	2	3	1	1	1
C	2	2	1	1	3	1	1	3	2	2

将得分相加，你便会知道你是一个墨守成规、令人讨厌的人，还是一个勇于创新、积极行动的快活人。

得分24~30分：最令人讨厌的。你被动的、预知的、消极的行为使他人讨厌。你应该走出你的房子，展开些活动。被动的活动，如看电视会使你的头脑变得迟钝。而当某些事不适合你时，不要发牢骚，以免令朋友讨厌；相反，你要做出一些有创造性的行动。人们会被做出创造性行动的人吸引。你心胸开朗、敢于尝试的话，你就不会令人讨厌，而会得到快乐。

得分17~23分：尚算快乐。尽管你不令人讨厌，但是，你可令自己更快乐。你应该走出你的房子，做些通常不会做的事情，例如，参观画廊、参加健美操学习班。

得分10~17分：非常快乐，你是个生龙活虎的人，他人认为你值得羡慕。对于有趣的事，你不希望他人做，你要自己做。你不以消极的态度使朋友厌烦，你采取的是乐观、开朗的态度。虽然你不可预知的特点有不利之处，但是，和你在一起不会沉闷。

要点提示

当代大学生的创新意识现状

根据研究，大学生缺乏创新意识和创新能力的表现主要体现在：

（1）缺乏创新观念和创新欲望。

（2）缺乏创新性思维能力。

（3）缺乏创新的兴趣和毅力。

（4）缺乏创新所必需的毅力。另外，当代大学生的思想和行为活动也出现了不少问题，譬如各种心理问题和道德修养缺陷等，这些无疑都给当代大学生创新能力的提高带来了障碍。从中国大学生的创新现状分析，不断培养大学生的创新素质，提高大学生的核心竞争力，已成为迫在眉睫的重大工程，重视培养大学生的创新能力并"紧急治疗"大学生在创新问题上的"疾病"有迫切的必要性。

流程2　"铁血网创始人——蒋磊"案例分析

阅读案例，回答问题。

【案例引入】

铁血网创始人——蒋磊

铁血网创始人蒋磊是典型的大学生创业者，16岁保送清华，创办铁血军事网，20岁再经保送硕博连读，中途退学创业。如今，铁血网稳居中国十大独立军事类网站榜首，铁血军品行也成为中国最大的军品类电子商务网站，年营收破亿元，利润破千万元。

时光倒回2001年，16岁的蒋磊初入清华园，计算机还没有在这个普通宿舍出现，他只能去机房捣鼓他的网页，他想把自己喜欢的军事小说整合到自己的网页上，他的"虚拟军事"网页一发布，就吸引了大量用户，第二天就达到了上百的浏览量。蒋磊很兴奋。他把

"虚拟军事"更名为"铁血军事网"。

2004年4月,蒋磊和另一个创始人欧阳凑了十多万元,注册了铁血科技公司。其间,蒋磊还被保送清华硕博连读学习了一段时间。2006年1月1日,蒋磊最终顶住了家庭及学校的压力毅然决定辍学创业,以CEO的身份正式出现在铁血科技公司的办公室里。经过12年的努力,目前蒋磊的公司拥有员工200余人,他创办的网站已成为能够提供社区、电子商务、在线阅读、游戏等产品的综合平台。截至2012年12月,网站已有1 000万名注册会员,正处于稳步且高速的增长中。

案例反思:

(1) 以上案例说明了什么道理?你认为激发意识的途径有哪些?

_____
_____。

(2) 说明创新意识的重要性。

_____
_____。

要点提示

培养大学生创新意识的途径

培养大学生创新意识的途径有很多种。唯物辩证法认为:外因是变化的条件,内因则是变化的根据,外因通过内因起作用。任何具体事物的运动、变化、发展都是内因和外因的统一。因此,探寻培养大学生创新意识的途径,需要内因与外因相结合。

第一,打破定式思维,培养怀疑精神。定式思维又称为"习惯性思维",是人们学习和实际生活过程中长期积累而形成的一种思维活动、经验教训和思维习惯,往往是个人经验思维、从众思维或权威思维。因为思维的定势会导致人们在实践中已有知识和经验的负迁移,没有新突破,因此,当代大学生要培养自身的创新意识和创新能力,就要打破墨守成规、千篇一律的定式思维,采取科学的、实事求是的态度对待定式思维,培养自己的批判性思维。美国科学社会学创始人默顿把怀疑精神概括为科学研究主体的"精神气质"。怀疑精神是指人类不迷信传统、权威,不相信终极真理存在,反对教条主义和权威主义的理性批判精神;是敢于向旧思想、旧理论挑战的一种实证精神和创新品质。学起于思,思源于疑,怀疑精神和批判思维是创新意识形成和发展的思想源泉。

第二,拓宽知识视野,完善智能结构。完善的知识和能力结构与开阔的知识视野是大学生自主创新意识形成的根基,为大学生创新意识培养奠定深厚基础,也是创新型人才培养的直接动力与源泉。

第三,提高大学生的人文素质,有助于拓宽大学生的知识视野、完善其知识和能力结构,这也是大学生创新意识培养的一个重要组成部分。当代大学生的人文素质的培养虽然也备受关注,但是人文素质的整体水平还有待提升。人文素质应该包括文学素养、艺术修养、爱国主义精神、责任感、事业心、拼搏精神等方面,这些相关的课程可以加入学校的选修课系列中。高校要充分发挥网络、多媒体的作用,拓宽人文素质教育的空间;在课余时间,学生自己要主动多参加丰富多彩的课外人文素质教育活动,这些办法对于大学生创新意识的提高与能力的培养起着非常重要和不可忽视的作用。

实训 3.4　独特的自我介绍

实训目标

（1）培养创新兴趣。
（2）激发创新意识。
（3）培养演讲和展示自我的能力。

实训流程

流程 1　列举自己的特征

可以从生理自我、社会自我和心理自我三个方面来列举自己与众不同的地方。
（1）生理自我。
_____
_____。
（2）社会自我。
_____
_____。
（3）心理自我。
_____
_____。

要点提示

1. 生理自我

生理自我，就是自我意识最原始的形态，即对自己躯体的认识，包括占有感、支配感和爱护感。

2. 社会自我

社会自我是个体对自己在社会生活中所担任的各种社会角色的知觉，包括对各种角色关系、角色地位、角色技能和角色体验的认知和评价。社会自我是自我概念（Self-concept）的重要组成部分，已有研究证明社会自我在青少年晚期变得非常突出，并占据着重要的位置。因此，大学生社会自我研究对促进大学生自我概念的健康发展有重要的意义。

3. 心理自我

心理自我是指对自己的能力、性格、气质、兴趣、信念、世界观等个性特征的认识。

流程 2　借助大自然撰写自我介绍演讲稿

形式：集体参与。
时间：20 分钟。
将上述盘点的自我特征用大自然的方式来描述，形成一个"有创造力的我"，具体如下：

我的姓名_____。
我是一名_____。
我利用大自然来介绍我自己_____。
我看起来像_____。
我生活中像_____。
我学习中像_____。
我与人交往中像_____。
我在家庭中像_____。
我最近的冒险经历_____。

流程3　创意演讲

根据流程2形成的"有创造力的我"的演讲稿，结合自身个性特征在班级自我推荐，锻炼创意演讲的能力。

演讲技巧——改掉错误的肢体语言

在演讲中，很多的交流是通过肢体语言实现的。实验证明，无论是一对一的面试或是面对一群人的简报，当成为场上焦点时，你需要的是全面高效的沟通。

那么，如何更好地提升语言技能呢？

回避常见错误，并以更自信的行为替代，将明显地提升你的肢体语言效果。这里列举了八种会让听众失去兴趣或印象不深的肢体语言。训练自己去避免它们，你就会看到：小变化可以有大不同！

1. 逃避眼神接触

你是简单地念PPT而不是向观众介绍吗？在一对一的谈话中，你是盯着一旁、脚下或前面的桌子吗？你从未看过聊天对象肩膀以上的部位吗？这些都说明你缺乏自信心、紧张和准备不足。

技巧：看着你的听众。用80%~90%的时间看着听众的眼睛。绝大多数的人花太多时间看笔记、幻灯片或身前的桌子，而很多人在看了自己的谈话录像后可以立刻改变这一行为。真正的商业领袖在传递信息时是直接看着听众的眼睛的。

2. 你和听众之间有阻碍

另一种较常见的错误是在你和听众之间有别的物体，从而阻碍了你们的直接交流。这些错误，如双手交叉，站在讲台或椅子后，在屏幕后和别人交谈，都在阻碍真正的交流。即使只是一个放在桌上的文件夹，也可能制造距离阻碍交流。

技巧：保持"开放"。保持你的手打开、手掌向上的状态，消除你和你的听众间的壁垒。

3. 坐立不安，摇摆或晃动

坐立不安、摇摆或晃动说明了你感到紧张，不确定或措手不及，应避免这些错误，因为这样做并不能帮你实现什么。让我们想象一下，一家计算机公司的高级业务主管要向他们的主要投资者传递新产品的讯息，但没有成功。实际上，这个项目的确是在他团队的掌控下，但他的身体语言却给了投资者其他的暗示。

做简报时前后摇晃,这就是这位主管的最大问题。它反映了一种控制力的缺乏。通过学习去做有意识的移动,他最终避免了职业生涯上的失败。下次简报之后,投资人定会相信一切都在他们的掌握中。

4. 把手放在口袋中或手指纠缠

把手拘谨地放在身体两侧或塞在口袋里给人的印象是——你提不起兴趣,不想参与或紧张,不论你到底是或不是。

解决它的办法很简单:从口袋里拿出你的手,做些有决心的、果断的手势。保持两手高于腰部是一个很好的例子。这是个复杂的手势,反映了复杂的思想,并给了听众对说话人的信心。

5. 站着、坐着不动

效率低的发言者几乎不动,从头到尾都站在同一个地方。这反映了他们很死板、紧张、沉闷、没有魅力和活力。

技巧:激活你的身体,而不是幻灯片,走动走动。大多数演讲者都认为他们需要笔直地站在一个地方。但他们不明白的是,移动不仅是可接受的,而且是受欢迎的。

一些最伟大的商业演讲者会走到观众中,并不停地走动,但他们并非漫无目的。

举例来说,一个充满活力的发言者将从房间的一边走到另一边去传递他们的信息。他指向幻灯片而不是阅读它,他把手放在别人的肩膀上而不是与听众保持距离。

6. 没精打采,后仰或驼背

这些姿态往往与缺乏自信联系起来,它们能体现或者被认为能体现——缺乏投入或兴趣,它们也说明你没有权威,缺乏信心。

技巧:保持抬头挺胸。当站立时,脚打开与肩同宽,身体稍向前倾。这样你就看起来很感兴趣,更投入,更有热情。肩膀略向前,这会显得你更有男子气概。头与身体要直立,不要靠在桌子或讲台上。

7. 虚假的动作

这正表明你准备过度,不自然和做作。要使用手势,但别过度。研究人员已经证明,手势反映了复杂的思想。听众能从手势中察觉到你的信心、能力与控制力。可是一旦你试图模仿一个手势,你可能会被认为做作,就像一个三流的政客。

美国总统布什常常用与他所说的话格格不入的手势,好像他准备过度,这像收看配错音的低成本电影。你可能不会像布什总统那样受到广泛的评论,尽管如此,你也不想在会议过后遭到同事与朋友取笑。

8. 跺脚和其他令人讨厌的小动作

跺脚和其他令人讨厌的小动作只能体现你的紧张、不自信或对细节不够关注。用一台摄像机录下自己的表现,再用挑剔的眼光去重看一遍。你是否发现了自己从未察觉过的那些令人讨厌的小动作?有位作家写了一本关于领导力的书,我曾去看过他对自身规划的讨论。在整个谈话过程中,他不停地玩口袋里的东西。那天,他不但没有卖掉很多书,而且在领导力方面也没有得到高分。

紧张会体现在不停地跺脚、摸脸或抖脚上。一旦你明白自己的行为,你可以轻松地改正它。

恰当的、有感染力的肢体语言会帮助你提升演讲的表现力,所以改进你的肢体语言,如同注意你说话一样去注意它,你演讲的影响力将飙升!

项目 4

掌握创新方法

项目导读

创新方法是指创新活动中带有普遍规律的方法和技巧。它是通过研究一个个创新的过程，比如创新的题目是怎样确定的、创新的设想是怎么提出的、设想有时如何变成现实等，从而揭示创新的一般规律的方法。大学生可以通过训练，熟悉掌握五种主要创新方法的程序和步骤，学会运用各种创新方法进行创新设计，提高创新能力。

项目实训

实训 4.1　奥斯本检核表法

实训目标

（1）了解奥斯本检核表法的检核类别。
（2）熟悉奥斯本检核表法的实施步骤。
（3）掌握与运用奥斯本检核表法分析产品。

实训流程

流程 1　检核表法的运用

有人认为，20 世纪最伟大的发明就是发明了"指导人们如何进行发明的方法"，这个方法就是"检核表技法"。

检核表是由创造技法的奠基人美国的奥斯本先生于 1939 年提出的。这个检核表技法原先仅作为智力激励法的辅助工具，供会议主持人引导发言用。后来在实践中发现，这个表不仅能够对怎么提问题提供示范，而且还能启发和产生大量的创造性设想，从而演变为一种创造技法，基本内容如表 4-1 所示。

表 4-1 奥斯本检核表技法

序号	检核类别	检核内容
1	能否他用	有无新的用途？是否有新的使用方式？可否改变现有的使用方式
2	能否借用	有无类似的东西？利用类比能否产生新观念？过去有无类似的问题？可否模仿？能否超过
3	能否扩大	可否增加些什么？可否附加些什么？可否增加使用时间？可否增加频率、尺寸、强度？可否提高性能？可否增加新成分？可否加倍？可否扩大若干倍？可否放大？可否夸大
4	能否缩小	可否减少些什么？可否密集、压缩、浓缩、聚束？可否微型化？可否缩短、变窄、去掉、分割、减轻？可否变成流线型
5	能否改变	可否改变功能、颜色、形状、运动、气味、音响、外形、外观？是否还有其他改变的可能性
6	能否代用	可否代替？用什么代替？有何别的排列、成分、材料、过程、能源、音响、颜色、照明
7	能否调整	可否变换？有无互换的成分？可否变换模式、布置顺序、操作工序、因果关系、速度或频率、工作规范
8	能否颠倒	可否颠倒？可否颠倒正负、正反、头尾、上下、位置、作用
9	能否组合	可否重新组合？可否尝试混合、合成、配合、协调、配套？可否把物体组合、目的组合、特性组合、观念组合

根据电扇需要解决的问题，参照表 4-1 中列出的问题，运用丰富的想象力，强制性地一个个核对讨论，写出尽可能多的新设想。

流程 2　阐明定义

通过流程 1 所述的案例，我们对奥斯本检核表技法有了初步的了解。那么，什么叫奥斯本检核表技法呢？

_____
_____
_____。

流程3　描述操作步骤

板书：

按检核表的内容逐一检核
↓
列出全部可能的方案
↓
选择有价值的实施方案
↓
验证设计方案

流程4　提出改进创造方案

对提出的新设想逐一进行分析和筛选，结合实际需求，筛选出 2~3 个最有价值、最有创新性和可行性的设想，提出改进方案，创造出新产品。

_____
_____
_____。

要点提示

奥斯本检核表技法的优势

奥斯本检核表技法是一种具有较强启发创新思维的方法。这是因为它强制人去思考，有利于突破一些人不愿提问题或不善于提问题的心理障碍。提问，尤其是提出有创见的新问题本身就是一种创新。它又是一种多向发散的思考，使人的思维角度、思维目标更丰富。另外检核思考提供了创新活动最基本的思路，可以使创新者尽快集中精力，朝提示的目标方向去构想、去创造、去创新。奥斯本检核表法有利于提高发现创新的成功率：创新发明的最大敌人是思维的惰性。大部分人思维总是自觉和不自觉地沿用长期形成的思维模式来看待事物，对问题不敏感，即使看出了事物的缺陷和毛病，也懒于去进一步思索，不爱动脑筋，不进行积极的思维，因而难以有所创新。检核表法的设计特点之一是多向思维，用多条提示引导你去发散思考。如奥斯本创造的检核表法中有九个问题，就好像有九个人从九个角度帮助你思考。你可以把九个思考点都试一试，也可以从中挑选一两条集中精力深思。检核表法使人们突破了不愿提问或不善提问的心理障碍，在进行逐项检核时，强迫人们扩展思维，突破旧的思维框架，开拓创新的思路，有利于提高发现创新的成功率。

利用奥斯本检核表法，可以产生大量的原始思路和原始创意，它对人们的发散思维有很大的启发作用。当然，运用此方法时，还要注意几个问题。它还要和具体的知识经验相结合。奥斯本只是提示了思考的一般角度和思路，思路的发展还要依赖人们的具体思考。运用此方法，还要结合改进对象（方案或产品）来进行思考。运用此方法，还可以自行设计大量的问题来提问。提出的问题越新颖，得到的主意越有创意。

奥斯本检核表法的优点很突出，它使思考问题的角度具体化了。它也有缺点，就是它是改进型的创意产生方法，你必须先选定一个有待改进的对象，然后在此基础上设法加以改

进。它不是原创型的，但有时候也能够产生原创型的创意。比如，把一个产品的原理引入另一个领域，就可能产生原创型的创意。

实训 4.2 头脑风暴法

实训目标

（1）熟悉头脑风暴法的实施步骤和技巧。
（2）掌握运用头脑风暴法分析和解决问题。

实训流程

流程 1 明确头脑风暴法会议组织的步骤和要求

1. 明确会议目标

研究会议主题，弄清楚问题的实质，找到问题的关键，设定解决问题所要达到的目标，千万不要无的放矢。最好将会议讨论的问题提前几天告诉与会者。

2. 组织形式

（1）参加人数一般为 5~10 人（课堂教学也可以班为单位），最好由不同专业或不同岗位者参加。
（2）会议时间控制在 1 小时左右。

3. 设主持人一名

头脑风暴法的主持工作，最好由对决策问题的背景比较了解并熟悉头脑风暴法的处理程序和处理方法的人担任。头脑风暴主持者的发言应能激起参加者的思维"灵感"，促使参加者感到急需回答会议提出的问题。通常在"头脑风暴"开始时，主持者需要采取询问的做法，因为主持者很少有可能在会议开始 5~10 分钟内创造一个自由交换意见的气氛，并激起参加者踊跃发言。主持者的主动活动也只局限于会议开始之时，参加者被鼓励起来以后，新的设想就会源源不断地涌现出来。这时，主持者只需根据"头脑风暴"的原则进行适当引导即可。应当指出，发言量越大，意见越多种多样，所论问题越广越深，出现有价值设想的概率也就越大。

4. 确定记录员

设记录员 1~2 人，要求认真将与会者每一设想不论好坏都完整地记录下来。

5. 会议类型

（1）设想开发型：头脑风暴法会议是为获取大量的设想、为课题寻找多种解题思路而召开的会议，因此，要求参与者要善于想象，语言表达能力要强。
（2）设想论证型：这是为将众多的设想归纳转换成实用型方案召开的会议。要求与会者善于归纳、善于分析判断。

6. 会前准备工作

（1）会议要明确主题。会议主题提前通报给与会人员，让与会者有一定准备。
（2）选好主持人。主持人要熟悉并掌握该技法的要点和操作要素，摸清主题现状和发展趋势。

（3）参与者要有一定的训练基础，懂得头脑风暴法会议提倡的原则和方法。

会前可进行柔化训练，即对缺乏创新锻炼者进行打破常规思考、转变思维角度的训练活动，以减少思维惯性，从单调的紧张工作环境中解放出来，以饱满的创造热情投入激励设想活动。

7. 评价设想

实践经验表明，头脑风暴法可以排除折中方案，对所讨论问题通过客观、连续的分析，找到一组切实可行的方案，因而头脑风暴法在军事决策和民用决策中得到了较广泛的应用。例如，美国国防部在制订长远科技规划时，曾邀请50名专家采取头脑风暴法开了两周会议。参加者的任务是对事先提出的长远规划提出异议。通过讨论，得到一个使原规划文件变得协调一致的报告，在原规划文件中，只有25%~30%的意见得到保留。由此可以看到头脑风暴法的价值。

要点提示

1. 会议原则

为使与会者畅所欲言，互相启发和激励，达到较高效率，必须严格遵守下列原则。

（1）禁止批评和评论，也不要自谦。对别人提出的任何想法都不能批判、不得阻拦。即使自己认为是幼稚的、错误的，甚至是荒诞离奇的设想，亦不得予以驳斥；同时也不允许自我批判，在心理上调动每一个与会者的积极性，彻底防止出现一些"扼杀性语句"和"自我扼杀语句"。诸如"这根本行不通""你这想法太陈旧了""这是不可能的""这不符合某某定律"，以及"我提一个不成熟的看法""我有一个不一定行得通的想法"等语句，禁止在会议上出现。只有这样，与会者才可能在充分放松的心境下，在别人设想的激励下，集中全部精力开拓自己的思路。

（2）目标集中，追求设想数量，越多越好。在智力激励法实施会上，只强制大家提设想，越多越好。会议以谋取设想的数量为目标。

（3）鼓励巧妙地利用和改善他人的设想。这是激励的关键所在。每个与会者都要从他人的设想中激励自己，从中得到启示，或补充他人的设想，或将他人的若干设想综合起来提出新的设想等。

（4）与会人员一律平等，各种设想全部记录下来。与会人员，不论是该方面的专家、员工，还是其他领域的学者，以及该领域的外行，一律平等；各种设想，不论大小，甚至是最荒诞的设想，记录人员也要求认真地将其完整地记录下来。

（5）主张独立思考，不允许私下交谈，以免干扰别人思维。

（6）提倡自由发言，畅所欲言，任意思考。会议提倡自由奔放、随便思考、任意想象、尽量发挥，主意越新越怪越好，因为它能启发人推导出好的观念。

（7）不强调个人的成绩，应以小组的整体利益为重，注意和理解别人的贡献，人人创造民主环境，不以多数人的意见阻碍个人新的观点的产生，激发个人追求更多更好的主意。

2. 主持人技巧

主持人应懂得各种创造思维和技法，会前要向与会者重申会议应严守的原则和纪律，善于激发成员思考，使场面轻松活跃而又不失脑力激荡。

可轮流发言，每轮每人简明扼要地说清楚一个创意设想，避免形成辩论会和发言不均。

要以赏识激励的词句语气和微笑点头的行为语言，鼓励与会者多提出设想，如"对，就是这样！""太棒了！""好主意！这一点对开阔思路很有好处！"等。

禁止使用下面的话语："这点别人已说过了！""实际情况会怎样呢？""请解释一下你的意思。""就这一点有用。""我不赞赏那种观点。"等。

经常强调设想的数量，比如平均 3 分钟内要发表 10 个设想。

遇到人人皆才穷计短，出现暂时停滞时，可采取一些措施，如休息几分钟，自选休息方法，散步、唱歌、喝水等，再进行几轮脑力激荡。或发给每人一张与问题无关的图画，要求讲出从图画中所获得的灵感。

根据课题和实际情况需要，引导大家掀起一次又一次脑力激荡的"激波"。如课题是某产品的进一步开发，可以将产品改进配方思考作为第一激波、将降低成本思考作为第二激波、将扩大销售思考作为第三激波。又如，对某一问题解决方案的讨论，引导大家掀起"设想开发"的激波，及时抓住"拐点"，适时引导进入"设想论证"的激波。

要掌握好时间，会议持续 1 小时左右，形成的设想应不少于 100 种。但最好的设想往往是会议要结束时提出的，因此，预定结束的时间到时可以根据情况再延长 5 分钟，这是人们容易提出好的设想的时候。在 1 分钟时间里再没有新主意、新观点出现时，智力激励会议可宣布结束或告一段落。

流程 2　"运用头脑风暴法分析问题"案例分析

阅读案例，回答问题。

【案例引入】

运用头脑风暴法分析问题

盖莫里公司是法国一家拥有 300 人的中小型私人企业，这一企业生产的电器有许多厂家和它竞争市场。该企业的销售负责人参加了一个关于发挥员工创造力的会议后大有启发，开始在自己公司谋划成立了一个创造小组。在冲破了来自公司内部的层层阻挠后，他把整个小组（约 10 人）安排到了位于农村的一家小旅馆里，在以后的三天中，每人都采取了一些措施，以避免外部的电话或其他干扰。

第一天全部用来训练，通过各种训练，组内人员开始相互认识，他们相互之间的关系逐渐融洽，开始还有人感到惊讶，但很快他们都进入了角色。第二天，他们开始创造力训练技能，开始涉及智力激励法及其他方法。他们要解决的问题有两个，在解决了第一个问题，发明一种拥有其他产品没有的新功能的电器后，他们开始解决第二个问题，为此新产品命名。

在第一、第二两个问题的解决过程中，都用到了智力激励法，但在为新产品命名这一问题的解决过程中，经过两个多小时的热烈讨论后，共为它取了 300 多个名字，主管则暂时将这些名字保存起来。第三天一开始，主管便让大家根据记忆，默写出昨天大家提出的名字。在 300 多个名字中，大家记住 20 多个。然后主管又在这 20 多个名字中筛选出了三个大家认为比较可行的名字。再将这些名字征求顾客意见，最终确定了一个名字。

结果，新产品一上市，便因为其新颖的功能和朗朗上口、让人回味的名字，受到了顾客热烈的欢迎，迅速占领了大部分市场，在竞争中击败了对手。

案例反思：

（1）此案例中的头脑风暴是什么？

_____
_____
_____
_____。

（2）此案例带给我们的启示是什么？

_____
_____
_____
_____
_____。

要点提示

头脑风暴法成功要点

一次成功的头脑风暴除了在程序上的要求，更为关键的是探讨方式、心态上的转变，概言之，即充分、非评价性的、无偏见的交流，具体而言，则可归纳为以下几点。

1. 自由畅谈

参加者不应该受任何条条框框限制，放松思想，让思维自由驰骋。从不同角度、不同层次、不同方位，大胆地展开想象，尽可能地标新立异，与众不同，提出独创性的想法。

2. 延迟评判

头脑风暴，必须坚持当场不对任何设想作出评价的原则。既不能肯定某个设想，又不能否定某个设想，也不能对某个设想发表评论性的意见，一切评价和判断都要延迟到会议结束以后才能进行。这样做一方面是为了防止评判约束与会者的积极思维，破坏自由畅谈的有利气氛；另一方面是为了集中精力先开发设想，避免把应该在后阶段做的工作提前进行，影响创造性设想的大量产生。

3. 禁止批评

绝对禁止批评是头脑风暴法应该遵循的一个重要原则。参加头脑风暴会议的每个人都不得对别人的设想提出批评意见，因为批评对创造性思维无疑会产生抑制作用。同时，发言人的自我批评也在禁止之列。有些人习惯于用一些自谦之词，这些自我批评性质的说法同样会破坏会场气氛，影响自由畅想。

4. 追求数量

头脑风暴会议的目标是获得尽可能多的设想，追求数量是它的首要任务。参加会议的每个人都要抓紧时间多思考，多提设想。至于设想的质量问题，自可留到会后的设想处理阶段去解决。在某种意义上，设想的质量和数量密切相关，产生的设想越多，其中的创造性设想就可能越多。

实训 4.3　列举分析法

实训目标

（1）了解列举分析法的种类。
（2）掌握列举分析法的运用步骤和技巧。

实训流程

流程 1　"'康师傅'的问世"案例分析

阅读案例，回答问题。

【案例引入】

"康师傅"的问世

据报道，生产"康师傅"方便面的是坐落在天津经济开发区内的一台资企业。投资者大多数是台湾省彰化县人，在台生产经营工业用蓖麻油，并不熟悉食品业，是一批所谓"名不见经传"的小业主。

开始，这些台商并不清楚该搞什么行当最能走红。经过大陆之行的实地调查后，他们发现改革开放后的大陆，经济建设发展很快，"时间就是金钱"的口号遍地作响，人们的生活节奏日趋加快，对方便快速的饮食开始产生需求。

于是，一个创意涌上台商脑海，为了适应大陆新出现的快节奏生活，可以在快餐业上寻求发展机遇。

经过分析，他们列举了传统饮食方式的缺点和人们对新的饮食方式的期望，最后决定开发新口味方便面来满足大陆消费者的需求。

开发什么品牌的方便面呢？他们列举了多个品名，淘汰了不少想法。后来，他们想到了"康师傅"这个名字，因为"师傅"是大陆人对专业人员的尊称，此外，"康师傅"中有个"康"也容易满足人们对健康、安康的心理希望。

台商在调查了大陆人的饮食习惯和口味要求后，决定在"大陆风味"上下功夫。他们还采用了"最笨""最原始"的办法——"试吃"，来研究"康师傅"的配料和制作工艺。直到有一千人吃过，他们才将"康师傅"的"大陆风味"确定下来。

案例反思：

以上案例反映了什么问题？你有什么感想？带给你的启发有哪些？

_____
_____
_____
_____。

流程 2　运用特性列举法，对杯子进行改进

1. 特殊性方面
（1）名词特性：_____。
（2）形容词特性：_____。
（3）动词特性：_____。
2. 改进设想
_____
_____。

> **要点提示**
>
> **其他形式的特性列举法**
>
> 实际操作中也可从以下方面对课题对象进行分析。
> （1）物理特性：如软、硬、导电性、轻、重等。
> （2）化学特性：如怕光、易氧化生锈、耐酸碱等。
> （3）结构特性：如固定结构、可变可拆结构、混合结构等。
> （4）功能特性：如能吃、可玩，还可当礼品等。
> （5）形态特性：固体、液体、气体、等离子体。
> （6）自身特性：事物本身的结构、形状、感观方面的特性。
> （7）用途特性：事物可以用于哪些方面。
> （8）其他特性：如其色、香、味、形方面的特性等。
> （9）使用者特性：可以适合哪些人使用，有何特征。
> （10）经济性特性：其生产成本、销售价格、使用成本等。

流程 3　运用缺点列举法，对快递进行改进

（1）缺点。
_____
_____。

（2）改进设想。
_____
_____。

> **要点提示**
>
> 运用缺点列举法时可以采用扩散思维的方法，比如以拖拉机为主题，列出它的缺点和不足之处，污染空气、速度慢、载货量小、安全性差等。然后挑出主要的缺点，逐个研究考虑切合实际的改革方案。
>
> 缺点列举法是一种简单有效的创造发明方法，因为现实世界中每一件技术成果都是未完成的发明，只要你仔细地看，认真地想，总能找出它不完善的地方。只要时时留意自己日常使用和接触的物品的不足之处，多听听别人对某种物品的反映，那么发明课题是无穷无尽的。

运用缺点列举法，第一步先找出事物的缺点，也就是选定研究的课题。课题一般不宜选得过大，如果过大，包含的内容太多，无法进行精细的研究。对于大课题，可以将其分解成许多部分再进行研究；第二步分析缺点产生的原因，分析要有针对性和系统性；第三步针对缺点产生的原因，有的放矢地提出解决的方法。按照这三步走，你会发现"柳暗花明又一村"。

流程 4　运用希望列举法，对学校宿舍行改进

（1）希望点。
_____
_____。

（2）改进设想。
_____
_____。

要点提示

希望列举法的注意事项。
（1）由列举希望点获得的发明目标与人们的需要相符，更能适应市场。
（2）希望是由想象而产生的，思维的主动性强，自由度大，所以，列举希望点所得到的发明目标含有较多的创造成分。
（3）列举希望时一定要注意打破定式。
（4）对于希望用列举法得到的一些"荒唐"意见，应用创造学的观点进行评价，不要轻易放弃。

流程 5　运用成对列举法设计多功能家具

（1）列举出各种家具及室内用具：床、沙发、桌子、椅子、茶几、书架、衣柜、衣架、镜子、台灯、花盆架、电视、音响、计算机等。

（2）对所列出的家具和室内用具随意进行两两配对组合：床和衣柜、灯和衣架、桌子和书架、床和沙发、床和灯、床和箱子、镜子和柜子、电视和花盆、音响和台灯等。

你的配对组合方案：_____
_____
_____。

（3）对所有的组合方案进行分析，阐述方案的可行性。许多方案均可发明出新式家具，有些方案事实上已经成为产品，如床和沙发组合成沙发床、镜子和柜子组合成带穿衣镜的柜子、床和箱子组合成床底可兼做放物柜的组合床等。

你的配对方案的可行性分析：_____
_____
_____
_____。

实训 4.4　组合创新法

▎实训目标

(1) 熟悉组合创新法的分类。
(2) 掌握组合创新法运用的步骤和技巧。
(3) 学会大胆发挥，进行组合创新，设计出创造性的方案。

▎实训流程

流程 1　"中国龙的形象"案例分析

阅读材料，回答问题。

【案例引入】

中国龙的形象

自古以来，龙一直是中华民族的图腾和象征，我们常常以自己是龙的传人而自豪。然而，龙的形象也一直是中国文化最古老的难解之谜之一。学者们经过千百年的考证研究认为，龙是古代人们想象的，将种种象征美好生活的动物加以组合而成的神物。闻一多认为，今天所见到的龙的形象，是由大蛇演变而来的，是蛇加上各种动物而形成的。它以蛇身为主体，"接受了兽类的四脚、马的头、鬣的尾、鹿的角、狗的爪、鱼的鳞和须……于是便成为我们现在所知道的龙了。这样看来，龙与蛇实在是可分而又不可分。"龙的形象经过历代人民的不断美化和神化，终于演化成为中华民族独特的徽记。

运用组合进行创新，是人类很早就已经自觉进行的实践活动。中国龙的形象，就是最典型的例子。我们从龙的形象可以看出，中华民族是一个富于创新精神、想象力和善于组合的民族。在龙的形象背后，我们可以发现这样一个本质特征，就是把不同的事物大胆组合在一起，可以形成我们想要创新的事物。

案例反思：

(1) 通过上述案例，说说组合创新方法有哪些特征。

_____
_____。

(2) 上述案例给我们什么启示？

_____
_____
_____。

流程 2　学习活动：成双成对当红娘

1. 活动目标

学会运用同类组合进行创新。

2. 活动时间

15 分钟。

3. 活动步骤

步骤一：请同学观察、寻找在我们周围哪些事物是单独的或处于单独运用的状态。

步骤二：主持人先选取 5 种单独事物，写在黑板上。

步骤三：请同学们将这些原来单独或单独使用的事物进行自组，分析进行同类组合后能否产生新的功能意义，或有新的改善。

步骤四：组织学生汇报组合成果。

步骤五：主持人再选取 5 种单独事物，写在黑板上，进行再次练习，组织学生汇报结果。

步骤六：活动目标基本达成后，评选"最佳红娘"5 名，进行奖励。

活动提示：

考虑同物自组能否实现、怎样实现，这是当好红娘的关键所在。当然这需要多多训练自己的想象力，方能作出与众不同的创新。

你的组合设想创意：_____

_____。

要点提示

在运用主体附加组合时需注意以下四点。

（1）主体不变或变化不大，即原有的事物、技术、思想等基本保持不变。

（2）附加的事物只是起到将主体补充完整的作用，不会导致主体大的变化。

（3）附加的事物有两种：①已有的事物；②根据主体的情况专门设计的新事物。

（4）附加的事物都是为主体服务的，用于弥补主体的不足。

因此，在运用主体附加组合时应该全面考虑，权衡利弊，否则会事与愿违，费力不讨好。比如，有的文具盒附加物过多，既价格昂贵，又容易分散学生注意力，以致不少老师禁止学生携带布满按键机关的文具盒到学校。

流程 3　物品组合集锦

请将下列物品进行组合，并写出组合的结果及功用（至少 5 种）。

风、雨、雷、电、大海、水、火、树木、汽车、计算机、鼠标。

_____

_____。

实训 4.5　和田十二法

实训目标

(1) 掌握和田十二法的应用方法和技巧。
(2) 学会运用和田十二法，设计创意产品。

实训流程

流程 1　查找生活中和田十二法的实际应用案例

在日常学习和生活中，查找关于和田十二法的实际应用案例，思考这些应用案例对自己的启发。结合案例，思考如何运用和田十二法为学习和生活提供便利。

(1) 你收集到的应用案例。

_____

_____

(2) 这些案例对你的启发是什么？

_____

_____

(3) 如何运用和田十二法为学习和生活提供便利？

_____

_____

流程 2　利用和田十二法设计你的创意产品

选择以下任何一种或几种产品，利用和田十二法设计你的创意产品。

(1) 运用"加一加"的方法创新可涮笔的调色板。

_____

_____

(2) 运用"减一减"的方法创新计算机键盘。

_____

_____

(3) 运用"扩一扩"的方法创新具有多种功能的起子。

_____

_____

(4) 运用"变一变"的方法创新一种新型橡胶。

_____

_____

(5) 运用"改一改"的方法创新一种新型眼镜盒。

_____

_____

(6) 运用"缩一缩"的方法创新一种方便携带的地球仪。
_____
_____。

(7) 运用"联一联"的方法创新一种触屏手套。
_____
_____。

(8) 运用"学一学"的方法创新设计一种升降装置。
_____
_____。

(9) 运用"代一代"的方法创新一种手持金属切割机。
_____
_____。

(10) 运用"搬一搬"的方法看能否将热处理的方法应用于塑料制品。
_____
_____。

(11) 运用"反一反"的方法将一种物品反过来利用。
_____
_____。

(12) 运用"定一定"的方法制定班级管理条例与规定。
_____
_____。

要点提示

和田十二法

(1) 加一加：加高、加厚、加多、组合等。
(2) 减一减：减轻、减少、省略等。
(3) 扩一扩：放大、扩大、提高功效等。
(4) 变一变：变形状、颜色、气味、音响、次序等。
(5) 改一改：改缺点、改不便、改不足之处。
(6) 缩一缩：压缩、缩小、微型化。
(7) 联一联：原因和结果有何联系，把某些东西联系起来。
(8) 学一学：模仿形状、结构、方法，学习先进。
(9) 代一代：用别的材料代替，用别的方法代替。
(10) 搬一搬：移作他用。
(11) 反一反：能否颠倒一下。
(12) 定一定：定个界限、标准，能提高工作效率。

如果按这十二个"一"的顺序进行核对和思考，就能从中得到启发，诱发人们的创造性设想。所以，和田技法、检核表法，都是打开人们创造思路，从而获得创造性设想的"思路提示法"。

项目 5

提升创新能力

项目导读

　　一个人的创新能力由两部分组成。一部分是智力,包括知识和能力。知识学得越多、学得越活,这个人的创新能力可能就越强。所谓能力就是理解力、记忆力和想象力等,这些构成创新能力的第一方面,就是一个人的智力。智力超群的人创新能力可能比较强,但是也不一定。创新能力还有第二方面,就是这个人在面对复杂的局面时,是否能够迅速地抓住要害,找得出办法来,这是一种能力,这种能力还包括在复杂的工作中,善于发现机遇并抓住机遇的能力。

项目实训

实训 5.1　提高发现问题的能力

（1）了解发现问题能力的含义。
（2）掌握提高发现问题能力的方法。

> 实训流程

流程 1　"发现问题是成长的第一步"案例分析

阅读案例,回答问题。

【案例引入】

发现问题是成长的第一步

中国大酒店成立之初,酒店的一个外籍主管负责工作。一天,他来到一间客房检查服务员的工作。他发现桌子上的茶杯摆放有问题。酒店要求茶杯印有"中国大酒店"商标的一侧要朝向房门,让旅客一进门就能够看到,但是他发现茶杯上的那几个字却没有被凸显,而是被摆向了相反的方向。于是,他在众人面前狠狠地批评了那个服务员。

这个服务员受不了,被人当众斥责的羞辱,便与经理顶撞起来。她还争执说:"这仅仅是一点小事,并不影响酒店的服务质量,客人也不会计较,你分明是鸡蛋里挑骨头,小题大做,欺人太甚!"

这位外籍主管对这个服务员的态度非常反感,他认为摆错杯子不是一件小事,这其中反映出来的是酒店的品牌形象和服务质量问题,于是就和她理论起来。这场争执引起了一场激烈的冲突,并在酒店员工中引起了轩然大波。

当天,受了顶撞的外籍主管也很委屈,找到酒店总经理反映情况。总经理诚恳地说:"这一场争执是完全可以避免的。"

案例反思:

(1) 请问大家,总经理会怎么说?这件事情发生的主要原因是什么?

_____
_____。

(2) 以上案例说明了什么道理?

_____
_____。

流程 2　"清华大学:重新定义课堂,从'课桌变形'和'削平讲台'开始"案例分析

阅读案例,回答问题。

【案例引入】

清华大学:重新定义课堂,从"课桌变形"和"削平讲台"开始

清华大学利用寒假时间,对多栋教学楼都进行了修缮和设备更新,而其中两处变化最有深意。

在第三教学楼一段三层的 7 间教室中,一种造型奇怪的课桌"全面上线"。这一款被戏称为"变形金刚"的课桌在侧面增加了一块可折叠的三角形木板;木板打开支好后,原本不起眼的方形课桌就变得有些形状诡异。

但是只要6张这种课桌一拼起来，就会变成一张可供6～12人讨论用的圆桌。清华Mooc名师刘震在朋友圈中为这种课桌点赞，他认为，这种课桌"便于灵活多变的课堂布置，是值得点赞的细节改进"。

这款变形课桌由清华大学自主设计，其初衷就是为了满足日益增多的课堂讨论需求，如图5-1所示。

图5-1　变形课桌

同样是在第三教学楼一段，一层的11间教室也悄然发生了变化。教室前原有的近30厘米高的讲台被"夷为平地"，讲台和教室处在了"同一海拔"上，如图5-2所示。

图5-2　变形讲台

案例反思：

（1）以上案例对你有什么启发？

_____
_____
_____
_____
_____。

（2）学校教室课桌还存在哪些问题？谈谈如何改进。

_____
_____
_____
_____
_____。

流程 3　"麦当劳和肯德基的细节设计"案例分析

阅读案例，回答问题。

【案例引入】

麦当劳和肯德基的细节设计

肯德基在 1987 年中国的第一家餐厅开业的时候，500 个座位的餐厅平均每天接待 5 000 人，最多一天接待了 8 000 人，座位周转率高达 16 次。麦当劳 1990 年在深圳开设了中国第一家店，遇到的情况几乎有过之而无不及。

快餐店经营的特点就是要保持较高的流转率，因此他们不希望顾客在里面待的时间太长。但作为一个知名的服务性企业，又不能主动赶客人走。我们进入麦当劳之后，除了点餐的时候服务员会和我们交流，基本上是没有服务员跟我们打招呼来打搅我们的。

不能说话，那怎么才能让你快点离开呢？

这就是麦当劳和肯德基的高明之处了，他们通过一系列的细节设计让你自己主动走。

第一，色彩设计：极其鲜艳的明黄色和大红色，这都是不能让人心情宁静的颜色，看久了就会滋生一种烦躁不安的感觉。

第二，灯光设计：采用明亮的灯光，让你从外面看里面很舒服，干净透亮，但在里面待久了就会不安，因为还有大红大黄的颜色配合。

第三，桌椅设计：一把舒服的椅子，最起码有两个条件：其一，坐的面积要比屁股大，其二，最好是柔软的。可是，它们的座凳面积小，硬邦邦，而且不是按照人体舒适的形状设计的，同时，桌面也小小的。

第四，室内温度设计：夏天空调开到 18 ℃，冬天开到 30 ℃，逛街逛到麦当劳、肯德基门口你就想进去舒服舒服。可是夏天我们本来就穿得少，进去待上十几分钟就感觉到冷了；冬天则恰好相反，你穿着毛衣棉袄进去，一下子就温暖了，就算你脱掉棉袄，在 30 ℃ 的温度下面穿着毛衣也会让你待不住。

第五，及时服务：你东西刚吃完，服务员就立即过来把你桌子上收拾得干干净净，光占着一张桌子，不再点些什么吃的，我们也不好意思在那里坐得太久了。

第六，心理施压：当服务员看到你吃完了还坐在那里，就会不停地在你面前晃来晃去，走过来看你一眼，走过去又看你一眼，一句话也不说，看的次数多了，你心里的那种焦虑感就让你更加难受起来。

经过这样一番精心的设计，客人少的时候你多坐一会儿还无所谓，客人多的时候，如果你吃完了，桌子上被服务员收拾得干干净净，这时候你看到很多其他的客人端着盘子到处找位子，你还好意思赖在那里不走吗？

案例反思：

为什么很多中式快餐学连锁机构，学到了形式，却赢不了连锁机构呢？

_____
_____
_____
_____。

 要点提示

如何预见可能发生的问题

预见可能发生的问题相对复杂，比如说如何预测地震，如何预测金融风暴等。但基本思维应该还是简单的。

（1）时刻保持危机意识。
（2）及时搜集、整理和分析动态变化的信息。
（3）深度思考，发现问题的根源。
（4）掌握更多的原理和规律。
（5）保持更长远的眼光，掌握趋势。
（6）多做系统思考，及时判断某一因素变化对整个事态的影响作用。

流程4 "丰田五问法"案例分析

阅读案例，回答问题。

【案例引入】

丰田五问法

有一次，丰田汽车公司前副社长大野耐一发现一条生产线上的机器总是停转，停转的原因都是因为保险丝烧断了。每次虽然及时更换保险丝，但用不了多久又会被烧断，严重影响了整条生产线的效率，也就是说，更换保险丝并没有解决根本问题，于是，大野耐一与工人进行了以下的问答：

一问："为什么机器停了？"答："因为超过了负荷，保险丝就断了。"
二问："为什么超负荷呢？"答："因为轴承的润滑不够。"
三问："为什么润滑不够？"答："因为润滑泵吸不上油来。"
四问："为什么吸不上油来？"答："因为油泵轴磨损、松动了。"
五问："为什么磨损了呢？"再答："因为没有安装过滤器，混进了铁屑等杂质。"

经过五次连续不断地追问"为什么"，才找到问题的真正原因和解决方法，在油泵轴上安装过滤器。

案例反思：

如果我们没有这种追根求源的精神来发掘问题，就会像以往一样，只是换根保险丝草草

了事，真正的问题还是没有解决。生活中你也会遇到类似的情况，你是怎么做的呢？

_____
_____
_____。

实训 5.2　开发独立创新能力

实训目标

（1）掌握开发独立创新能力的方法。
（2）学会用打破常规的思维去解决问题。

实训流程

流程 1　"完成'整修草坪'作业"案例分析

阅读案例，回答问题。

【案例引入】

完成"整修草坪"作业

有甲、乙两人整修小区内的草坪。因为草坪的大小相同，所以两人商定各整修一块。一大早，甲先出工整修第一块草坪。当他整修完三分之一时，乙也出工了。乙说第二块草坪不好整修，还是让他整修第一块草坪吧。于是甲又开始整修第二块草坪。当乙整修完第一块草坪后，又帮助甲整修第二块草坪。当乙又整修完第二块草坪的三分之一时，正好全部整修完毕。

案例反思：

甲、乙两人谁整修的草坪面积大？整修面积大的人多整修了多少？

_____
_____。

流程 2　"吸水纸的发现"案例分析

阅读案例，回答问题。

【案例引入】

吸水纸的发现

一名德国工人在生产一批纸时因为不小心而弄错了配方，结果，生产出了大量不能书写的废纸！他被扣工资、罚奖金，最后遭到解雇。正当他灰心时，一位朋友让他将问题倒着想，看能否从错误中找出有用的东西来。于是，他很快就发现这批废弃纸张吸水相当好，他就把纸切成小块，取名"刀切吸水纸"，拿到市场上出售，结果相当抢手，因而也就有了现在的吸水纸。

案例反思：

打破常规思维的方法有哪些？

_____
_____
_____
_____。

流程 3 "打耳光的求职者"案例分析

阅读案例，回答问题。

【案例引入】

打耳光的求职者

有这样一个故事：有个公司招聘员工，门外排着长长的应聘队伍。每进去一个人，主考官不由分说，就扇来一个耳光，问："这是什么滋味？"几乎所有的人都捂着自己的脸出来了，而这些人都落聘了。后来，有个年轻人走了进去，主考官同样扇来一个耳光，问："这是什么滋味？"年轻人昂起头颅，以同样的速度，同样的力量，在同样的位置，给了主考官同样的一个耳光，说："就是这个滋味。"因此，这位年轻人被录取了。

案例反思：

以上案例对你有什么启发？

_____
_____
_____
_____。

流程 4 解答"夫妻吵架的次数"

阅读要求，完成任务。

有一对夫妻，他们已经40岁了，但很喜欢吵架，他们结婚以后每天都吵架，从没有间断过。但是有一个月他们只吵了26次，请问是怎么回事？（时间限制：5分钟）

_____
_____
_____
_____
_____。

实训 5.3　锻炼变通能力

实训目标

（1）了解变通能力的含义。
（2）掌握锻炼变通能力的方法。
（3）掌握运用方法，锻炼变通能力。

实训流程

流程 1　"牛仔裤大王——李维·施特劳斯"案例分析

阅读案例，回答问题。

【案例引入】

牛仔裤大王——李维·施特劳斯

100多年以前，美国加利福尼亚发现了金矿，由此掀起了西部淘金热，成群结队的人从东部地区涌到西部淘金。为生计发愁的李维·施特劳斯（Levi Strauss）也加入了这个人群，但他不想去淘金，而是看好了这个庞大的消费群，在寻求赚淘金人的钱，经营干货生意。到了旧金山，李维发现，金矿在沙漠附近，气候很干旱，人们需要每天去很远的地方取水。矿工能挣很多钱，却不能随意离开矿区，饮水自然成了很大的问题。李维打消了经营干货生意的念头，开始卖起水来，先是一个水车，然后再扩大自己的生意。果然，卖水的生意如李维预想的那样好。可是，好景也不长久，很快卖水的人就多了起来，并开始为摊位而起争执。李维的水车被无赖们砸烂了，并被迫退出了卖水行业。李维没有因此绝望而离开矿区，他相信这么大的市场，总是会有新的需求存在的。于是李维又开始推销从纽约运来的帆布，做起了帐篷和车棚的生意。可出乎意料的是，他的产品少有人问津。偶然一次机会，李维听到有矿工抱怨买来的裤子不耐穿，才下了几次井就破了。李维很快意识到，为什么不拿帐篷的帆布做成裤子呢？虽然当时还没有人做过，但李维决定按照矿工们的要求去设计，用经过漂洗的帆布把裤子做成紧身、裤裆短平、有利于下井的样式。这就是后来的牛仔裤。牛仔裤的诞生在矿场上受到很大欢迎，以后更是风靡整个世界，并成为美国的象征之一。李维也被誉为"牛仔裤大王"。

案例反思：

以上案例给你什么启示？

_____
_____
_____
_____。

流程 2　看你行不行

阅读要求，完成任务。

每队 5 人，根据发出的指令，相互配合，完成相应的动作，每个动作必须定格三秒才算成功，完成所有规定动作用时最短的队伍获胜。

你的思路：

_____
_____
_____
_____。

要点提示

随机应变的能力与一个人的心态、经验、学识都有关联。也在一定程度上考察联想能力和思维的变通性。变通意味着打破头脑中的僵化格局，从一个新的方向思考问题。

1. 多讲话能够带动你的大脑思考

应变能力的一个很好的体现是口才，你可以多在人多的场合发表言论，开始的时候你可以说得简短点，后来你可以驾驭整个氛围的时候，你可以试着讲更多的话，讲话可以带动你的大脑思考，但是不要过于唠叨，否则你身边的人会受不了你。

2. 保持自己的社会联系

经常跟朋友一起聚一聚，说说话，参加活动，越多地与人沟通，越有助于促进你的思维的流畅性。

3. 做一些提高你快速联想能力的练习

练习思维的流畅性。比如通过某个物品，你拿出纸张来联想，想到什么就写出什么，限时一分钟，并且试着每天写出词语的数量比前一天的多，并且不能重复。这样有助于练习你的联想能力，经常做这样的练习会培养你一种意想不到的创造力。

4. 玩点 IQPK 游戏

玩一些眼、耳、手、脑并用的游戏，这样能够提高反应能力和敏感度。比如一些比拼 IQ 的小游戏，对你的反应能力是有帮助的。

流程 3　把 IX 变成 VI

阅读要求，完成任务。

试着只增加一笔，把罗马数字 IX 变成 VI。

你的思路：

_____
_____
_____
_____。

流程 4 　"口"字游戏

阅读要求，完成任务。

"口"字加两笔，看三分钟之内能写出多少字。

你的思路：

_____
_____
_____
_____
_____。

流程 5 　你会随机应变吗?

生活中常会有一些意想不到的事情发生，有时会让你不快，有时会影响原定计划，有时甚至可能会导致更为严重的后果。对此，你能够沉着应对吗？请看下面的假设，如实回答。

（1）如果有人在你特别忙的时候来找你，你会？（　　）
A. 明显地表现出你的厌恶之情
B. 像平常一样招呼
C. 直接告诉对方自己很忙

（2）你请客人来家里吃饭，你准备好了但是客人还没来，你会认为？（　　）
A. 再等一会儿吧
B. 难道他发生什么事了
C. 他可能不会来了

（3）周末本来约朋友见面，你到了，朋友却打电话说临时有事来不了了，你会想（　　）。
A. 还不如不约他，浪费时间
B. 另外找事做吧
C. 太倒霉了

（4）本来你的工作进展很顺利，却因为突发事件不得不延误一些，你会？（　　）
A. 干脆就此放弃
B. 再想其他办法解决
C. 很沮丧，觉得困难很多

（5）当你必须和一个自己不喜欢的人一起工作时，你会想（　　）。
A. 他得依靠我
B. 对他好一点吧
C. 他肯定会在背后给我搞鬼的

（6）当知道他人对你有敌意时，你会？（　　）
A. 不予理会
B. 控制情绪，免得发生冲突
C. 像平时一样，希望他改变

【计分方法】

题号	(1)	(2)	(3)	(4)	(5)	(6)
A	0	1	0	0	0	0
B	1	0	1	1	1	0
C	0	0	0	0	0	1

【结果解释】

测试题所得分值越高，这意味着你在应对各种突发情况和挑战时所展现出的随机应变能力越强。

实训 5.4　提高方案制定能力

实训目标

（1）了解制定方案的步骤。
（2）熟悉评价方案的途径。
（3）学会分析和评价方案，制定切实可行的方案。

实训流程

流程 1　提出创新的目标

创新目标：

_____
_____
_____
_____。

要点提示

有了目标和方法，就需要付出实际的努力了。这也许是你第一次为自己做长线投资，在其中你也许得不到像看电影、参加聚会那样直接的快感，也得不到专心读书、期末取得好成绩这样看得到的短期成绩和满足。你的收获将是看不到的个人素质和能力的提升，而且是一点一滴地得到的，也许你自己都不能感受到自己的改变和进步，更没有人为你的任何努力和成长颁发奖状。

但是既然你不怀疑能力的提升对自身未来人生的助推作用，就请你坚定自己的信念，开始行动吧，天道酬勤，你的付出终会有回报！而你也将看到，能力培养其实也不像读书上课那般固定和枯燥，那将是一个很有意义也很有乐趣的过程。

流程 2　分析该创新目标的实现存在的问题与困难

(1) 问题：_____
_____
_____。

(2) 困难：_____
_____
_____。

流程 3　分析该创新目标的有利因素和不利因素

(1) 有利因素：_____
_____
_____。

(2) 不利因素：_____
_____
_____。

流程 4　讨论解决的主要方法和途径

(1) 实现方法和途径（一）：_____
_____
_____。

(2) 实现方法和途径（二）：_____
_____
_____。

(3) 实现方法和途径（三）：_____
_____
_____。

流程 5　确定解决重点和方向

与小组同学讨论，使用头脑风暴法或决策平衡单进行评价，确定解决重点和方向。

_____
_____
_____
_____
_____
_____
_____。

项目 6

培养创新精神

创新精神提倡独立思考、不人云亦云，并不是不倾听别人的意见、孤芳自赏、固执己见、狂妄自大，而是要团结合作、相互交流，这是当代创新活动不可缺少的方式；创新精神提倡胆大、不怕犯错误，并不是鼓励犯错误，只是出现错误认知是科学探究过程中不可避免的；创新精神提倡不迷信书本、权威，并不反对学习前人经验，任何创新都是在前人成就的基础上进行的；创新精神提倡大胆质疑，而质疑要有事实和思考的根据，并不是虚无主义地怀疑一切……总之，要用全面、辩证的观点看待创新精神。

实训 6.1　坚持勇敢探索

实训目标

（1）了解自身好奇心的状态。
（2）学会对任何事物都要保持一颗好奇的心。
（3）培养勇于探索的精神。

实训流程

流程1 "焦耳求知好学的故事"案例分析

阅读案例，回答问题。

【案例引入】

焦耳求知好学的故事

英国著名科学家焦耳从小就很喜爱物理学，他常常自己动手做一些关于电、热的实验。

有一年放假，焦耳和哥哥一起到郊外旅游。聪明好学的焦耳就是在玩耍的时候，也没有忘记做他的物理实验。

他找了一匹瘸腿的马，由他哥哥牵着，自己悄悄躲在后面，用伏达电池将电流通到马身上，想试一试动物在受到电流刺激后的反应。结果，他想看到的反应出现了，马受到电击后狂跳起来，差一点把哥哥踢伤。

尽管已经出现了危险，但这丝毫没有影响到爱做实验的小焦耳的情绪。他和哥哥又划着船来到群山环绕的湖上，焦耳想在这里试一试回声有多大。他们在火枪里塞满了火药，然后扣动扳机。谁知"砰"的一声，从枪里喷出一条长长的火苗，烧光了焦耳的眉毛，还险些把哥哥吓得掉进湖里。

这时，天空浓云密布，电闪雷鸣，刚想上岸躲雨的焦耳发现，每次闪电过后好一会儿才能听见轰隆的雷声，这是怎么回事？

焦耳顾不得躲雨，拉着哥哥爬上一个山头，用怀表认真记录下每次电闪到雷鸣之间相隔的时间。

开学后焦耳几乎是迫不及待地把自己做的实验都告诉了老师，并向老师请教。

老师望着勤学好问的焦耳笑了，耐心地为他讲解："光和声的传播速度是不一样的，光速快而声速慢，所以人们总是先见闪电再听到雷声，而实际上电闪雷鸣是同时发生的。"

焦耳听了恍然大悟。从此，他对学习科学知识更加入迷。通过不断的学习和认真地观察计算，他终于发现了热功当量和能量守恒定律，成为一名出色的科学家。

案例反思：

（1）你怎么评价焦耳？

_____

_____。

（2）看完这个故事后，你怎么理解勇敢探索？

_____

_____

_____。

流程 2　"求知——自强不息"案例分析

阅读案例，回答问题。

【案例引入】

求知——自强不息

英国物理学家布拉格，小时候家里很穷，凭借着自己对梦想的不懈追求，通过顽强的努力，终于取得了很大的成就。而他曾经历的那段贫穷的岁月，成为日后激励他前进的动力。

他在学校读书时，因为家里经济条件太差，父母无法给他买好看的衣服和舒适的鞋子，他常常是衣衫褴褛，拖着一双与他的脚很不相称的破旧皮鞋。但年幼的布拉格从不曾因为贫穷而感觉自己低人一等，他更没有埋怨过家里人不能给他提供优越的生活条件。那一双过大的皮鞋穿在他的脚上看起来十分可笑，但他并不因此自卑。相反，他无比珍视这双鞋，因为它可以带给他无限的动力。

原来这双鞋是他父亲寄给他的。家里穷，不能给他添置一双舒服、结实的鞋子，即便这一双旧皮鞋，还是父亲的。尽管父亲对此也充满愧疚之情，但他仍给儿子以殷切的希望、无与伦比的鼓励和强大的情感支持。父亲在给他的信中这样写道："……儿呀，真抱歉，但愿再过一至二年，我的那双皮鞋，你穿在脚上不再大。……我抱着这样的希望，你一旦有了成就，我将引以为荣，因为我的儿子是穿着我的破皮鞋努力奋斗成功的……"这封寓意深刻、充满期望的信，一直像一股无形的力量，推着布拉格在科学的崎岖山路上，踏着荆棘前进。

案例反思：

上述案例给了你什么启示？

_____
_____
_____
_____
_____。

流程 3　收集名人勇于探索的案例并写出心得

（1）查找勇于探索的案例（或故事），至少4个。

①_____
②_____
③_____
④_____

(2) 看完这些勇于探索的案例（或故事）后，你有什么心得体会？

_____
_____
_____。

实训 6.2　坚持艰苦奋斗

实训目标

（1）了解坚持艰苦奋斗精神的重要性。
（2）继承和发扬艰苦奋斗精神。

实训流程

流程 1　"身残志不残——奥斯特洛夫斯基" 案例分析

阅读案例，回答问题。

【案例引入】

身残志不残——奥斯特洛夫斯基

命运对奥斯特洛夫斯基是残酷的：他念过三年小学，青春消逝在疾驰的战马与枪林弹雨中。16 岁时，他腹部与头部严重负伤，右眼失明。20 岁时，又因关节硬化而卧床不起。面对命运的严峻挑战，他深切地感到："在生活中没比掉队更可怕的事情了。"奥斯特洛夫斯基与命运进行了英勇的抗争：他不想躺在残废荣誉军人的功劳簿上向祖国和人民伸手，他用沸腾的精力读完了函授大学的全部课程，如饥似渴地阅读俄罗斯与世界文学名著。书籍召唤他前进，书籍陪伴他披荆斩棘。

当奥斯特洛夫斯基的文化和文学素养达到一定水平后，他写了一本描述柯托夫斯基部队中英雄战士的中篇小说，寄给一家杂志社，却未被采用。可他并未灰心丧气，他深深地懂得：平步青云的事是少有的。人们往往只看到成功者头上的桂冠和脖子上的花环，而忽略了他们在未成功之前备尝的痛苦、冷落，甚至歧视。因此，一些向理想高峰攀登的人，一遇到艰难险阻，就畏缩不前，一碰到冷落、歧视，就半途而废，惊呼生不逢时。奥斯特洛夫斯基忍受着病痛的折磨，默默地向认准的目标攀登。1932 年，他终于完成了《钢铁是怎样炼成的》一书。对此，他高兴地惊呼："生活的大门向我敞开了！""书就是我的战士！"站着用枪战斗，躺着用笔战斗，死后用书战斗。这就是作为一个战士和作家的奥斯特洛夫斯基的一生。

位于莫斯科高尔基大街 14 号的奥斯特洛夫斯基博物馆，本是当年苏维埃政府分配给奥斯特洛夫斯基的新居。当时，他虽然年仅 32 岁，却已双目失明，四肢瘫痪，全身不能活动，双手丧失了写字的能力，连转动头部也极为困难。正如他在自传中所写："体力几乎全部丧失了，所剩的仅仅是一种想要多少对自己的党和工人阶级尽些力量的热望。"他不想在安闲无聊中消磨自己有限的生命，一种强烈的历史责任感，使他难以放下手中新的战斗武器——笔。

据当时医生诊断，奥斯特洛夫斯基还可以活5年，但他本人对病情的严重程度十分清楚。他曾对护士说："我知道我的病情严重，我感到遗憾的是，还有那么多工作没有完成。"在临终前一个月，他已经清楚地感到死神正向他扑来，但他没有要求去看病，更没有停下笔去休养，而是拼命加班，与死神争分夺秒。他让秘书们实行"三班制"守在他的床头，他躺着口述，妻子与助手们帮他打字，他自己则一刻也不肯休息。

奥斯特洛夫斯基思想的烈马，驰骋在辽阔的原野上。正如他的妻子拉伊萨·帕尔弗列芙娜在回忆录里所记述的那样："这些天，打字机的声音犹如机枪在扫射。"奥斯特洛夫斯基在新住宅里住了短短7个月就去世了，但他以惊人的毅力完成了他的又一部长篇力作《暴风雨所诞生的》。他在给斯大林的信中写道："我这一生都将献给社会主义祖国青年一代的布尔什维克教育事业，直到最后一次心跳为止。"

1936年12月20日，在完成了《暴风雨所诞生的》第一卷之后6天，这位伟大的共产主义战士的心脏停止了跳动。

案例反思：

（1）你怎么评价奥斯特洛夫斯基？

_____。

（2）以上案例告诉我们艰苦奋斗对自身有什么意义？

_____。

流程2　"比别人多努力10%"案例分析

阅读案例，回答问题。

【案例引入】

比别人多努力10%

他曾经在手机普及到乡下时客串那风靡一时的电影《手机》，观众只记住了里边"嗯啊"的台词，却没记住电影中的角色；他同葛优、刘德华等一批影视名人演绎了拥有众多粉丝的《天下无贼》，观众只依稀记得有一个连鬓胡子，艺术家模样的"反扒大队长"，却不知道演员是谁；直到《集结号》的导演眷顾了他，观众深深地被"一个连长，为了47个男人的荣誉而战"的坚毅男人所震撼，渐渐认识他。

他就是百花影帝张涵予，家喻户晓的大牌明星演员，但是鲜为人知的是他在做演员之前是一名配音演员。

作为中央戏剧学院表演系毕业的高才生，张涵予有强烈的演员梦。偶然一个机会，他所配的一段音被央视领导所青睐，让他去央视试音，自此他开始了长达十多年的配音生涯。

伴随我们长大的《米老鼠和唐老鸭》中的唐老鸭先生,《孙悟空》中那个能降魔伏怪的悟空,还有家喻户晓的《花木兰》中的花木兰,这一个个栩栩如生的动画,再加上张涵予那配的惟妙惟肖的声音,成了那个年代孩子的福音。可是从来没有忘记心中的演员梦,他不甘心只做幕后的"棚虫"。于是他一边承接着各种配音的工作,一边利用空余时间心甘情愿演出一些不知名的角色。

让张涵予搭上通往演员之梦的桥是出演《梦开始的地方》,他跟陶虹配戏,他出演的宋建军,有一副磁性的男人声音,仿佛是一根来自心灵深处、尘封已久的琴弦,深深撩拨着观众那柔软的心。他的演艺得到了导演和同事的一致好评,也让张涵予更加坚定了自己的演员梦。

从此,他不断向各个导演毛遂自荐,可是大牌导演只认可他的配音,却并不看好他的演技。直到有一天,大牌导演冯小刚请他客串《没完没了》中的一个小角色,不过人们还只是记得电影中的主角傅彪,却没人留意傅彪身边的一个朋友,而那个小角色正是张涵予饰演。虽然角色小,但是能在大导演的电影中出演,张涵予不敢小觑,非常忘我地投入。这种对工作兢兢业业的精神,以及对剧情的领悟和演绎能力,给冯小刚留下了深刻的印象。

可是跑龙套的角色做的时间长了,难免让张涵予对自己产生了困惑。这时,身边的一位老演员告诉张涵予:"一个人要实现梦想,不管做任何事都要比别人多付出10%,等累积到100%时,梦想自然就能实现。"

之后,张涵予不管是饰演什么角色,都严格要求自己多付出10%,就这样他打破了冯小刚甄选演员的"铁打的葛优流水的女主角"的潜规则,让冯小刚最终把《集结号》的主角"谷子地"锁定到他身上。影片中的"谷子地"坚毅、不屈不挠,非常有男人味。张涵予因出演"谷子地"而一炮走红,一举成为五料影帝。

就如张涵予自己所说:"正是因为之前出演各种小角色的积累,使得我能接触到各种风格的剧本,领悟各类人物的感情。在跑龙套的日子,我总要求自己比导演要求的再多付出一点,日积月累之后,让我从一个'棚虫'实现了华丽转身。"只比别人多努力10%,就会离梦想更近一点。

案例反思:

(1) 以上案例反映了什么问题?你有什么感想?你认为的艰苦奋斗是什么样的?
_____
_____

(2) 你会为了梦想而艰苦奋斗吗?
_____
_____

流程3 收集艰苦奋斗的案例、故事、寓言并分享收获

(1) 列举我国古代艰苦奋斗的寓言或故事。
_____
_____

(2) 列举我国近现代历史上艰苦奋斗的案例。

_____
_____
_____。

(3) 列举外国艰苦奋斗的案例。

_____
_____
_____。

(4) 完成上述内容后，写出你的收获。

_____
_____
_____。

要点提示

关于艰苦奋斗的名人名言

(1) 瓜是长大在营养肥料里的最甜，天才是长在恶性土壤中的最好。　　——培根

(2) 学习使人丰富知识，知识使人提升才能，才能使人创造业绩。　　——佚名

(3) 理想是指路明灯。没有理想，就没有坚定的方向，而没有方向，就没有生活。
　　——托尔斯泰

(4) 海纳百川有容乃大；壁立千仞无欲则刚。　　——林则徐

(5) 一个人必须面向未来，想着要着手做的事情。但这并不容易做到。一个人的过去是一种日益加重的负担。　　——罗素

(6) 停止奋斗，生命也就停止了。　　——卡莱尔

(7) 与其战胜敌人一万次，不如战胜自己一次。　　——佚名

(8) 朝着一定目标走去是"志"，一鼓作气中途绝不停止是"气"，两者合起来就是"志气"。一切事业的成败都取决于此。　　——卡内基

(9) 不管发生什么事，都请安静且愉快地接受人生，勇敢地大胆地，而且永远地微笑着。　　——卢森堡

(10) 诚实+守信，树立自身形象；勤奋+努力，实现自身价值。　　——佚名

(11) 一无所有是一种财富，它让穷人产生改变命运的行动。　　——佚名

(12) 山不厌高，海不厌深。　　——曹操

(13) 幸运是个伟大的老师，而不幸则更伟大。拥有会纵容思想，欠缺却能训练并强化思想。　　——威廉·哈立特

(14) 凡是挣扎过来的人都是真金不怕火炼的；任何幻灭都不能动摇他们的信仰：因为他们一开始就知道信仰之路和幸福之路全然不同，而他们是不能选择的，只有往这条路走，别的都是死路。这样的自信不是一朝一夕所能养成的。你绝不能以此期待那些十五岁左右的孩子。在得到这个信念之前，先得受尽悲痛，流尽眼泪。可是这样是好的，应该要这样……
　　——罗曼·罗兰

(15) 穷则独善其身，达则兼济天下。——孟子

(16) 我们有力的道德就是通过奋斗取得物质上的成功，这种道德既适用于国家，也适用于个人。——罗素

(17) 你若要喜爱你自己的价值，你就得给世界创造价值。——歌德

(18) 宁愿折断骨头，不愿低头受辱。——佚名

(19) 希望是生命的源泉，失去它生命就会枯竭。——富兰克林

流程 4　你准备如何坚持艰苦奋斗？

发扬艰苦奋斗精神要从日常生活做起。你打算在学习、生活和今后的工作中怎样做呢？

(1) 在学习上：

_____

_____。

(2) 在生活上：

_____

_____。

(3) 在今后的工作上：

_____

_____。

流程 5　你自信吗？

根据以下 34 道题，如实完成自信心测试，了解自己自信心的状况（将各题得分相加得到最后总分）。

(1) 一旦你下了决心，即使没有人赞同，你仍会坚持做到底吗？（　　）。

A. 是　　　　　　　B. 否

(2) 参加晚宴时，即使很想上洗手间，你也会忍着直到宴会结束吗？（　　）。

A. 是　　　　　　　B. 否

(3) 如果想买性感内衣，你会尽量邮购，而不亲自到店里去吗？（　　）。

A. 是　　　　　　　B. 否

(4) 你认为自己是个较完美的人吗？（　　）。

A. 是　　　　　　　B. 否

(5) 如果店员的服务态度不好，你会告诉他们的经理吗？（　　）。

A. 是　　　　　　　B. 否（　　）。

(6) 你不常欣赏自己的照片吗？（　　）。

A. 是　　　　　　　B. 否

(7) 别人批评你，你会觉得难过吗？（　　）。

A. 是　　　　　　　B. 否

(8) 你很少对人说出你真正的意见吗？（　　）。

A. 是　　　　　　　B. 否

(9) 对别人的赞美,你持怀疑的态度吗?(　　)。
　　A. 是　　　　　B. 否
(10) 你总是觉得自己比别人差吗?(　　)。
　　A. 是　　　　　B. 否
(11) 你对自己的外表满意吗?(　　)。
　　A. 是　　　　　B. 否
(12) 你认为自己的能力比别人差吗?(　　)。
　　A. 是　　　　　B. 否
(13) 在聚会上,只有你一个人穿得不正式,你会感到不自在吗?(　　)。
　　A. 是　　　　　B. 否
(14) 你是个受欢迎的人吗?(　　)。
　　A. 是　　　　　B. 否
(15) 你认为自己很有魅力吗?(　　)。
　　A. 是　　　　　B. 否
(16) 你有幽默感吗?(　　)。
　　A. 是　　　　　B. 否
(17) 目前的工作是你的专长吗?(　　)。
　　A. 是　　　　　B. 否
(18) 你懂得搭配衣服吗?(　　)。
　　A. 是　　　　　B. 否
(19) 危急时,你很冷静吗?(　　)。
　　A. 是　　　　　B. 否
(20) 你与别人合作无间吗?(　　)。
　　A. 是　　　　　B. 否
(21) 你认为自己只是个寻常人吗?(　　)。
　　A. 是　　　　　B. 否
(22) 你经常希望自己长得像某人吗?(　　)。
　　A. 是　　　　　B. 否
(23) 你经常羡慕别人的成就吗?(　　)。
　　A. 是　　　　　B. 否
(24) 你会为了不使他人难过,而放弃自己喜欢做的事吗?(　　)。
　　A. 是　　　　　B. 否
(25) 你会为了讨好别人而打扮吗?(　　)。
　　A. 是　　　　　B. 否
(26) 你会勉强自己做许多不愿意做的事吗?(　　)。
　　A. 是　　　　　B. 否
(27) 你任由他人来支配你的生活吗?(　　)。
　　A. 是　　　　　B. 否

(28) 你认为你的优点比缺点多吗？（　　）。
A. 是　　　　　B. 否

(29) 你经常跟人说抱歉吗？即使在不是你错的情况下？（　　）。
A. 是　　　　　B. 否

(30) 如果在非故意的情况下伤了别人的心，你会难过吗？（　　）。
A. 是　　　　　B. 否

(31) 你希望自己具备更多的才能和天赋吗？（　　）。
A. 是　　　　　B. 否

(32) 你经常听取别人的意见吗？（　　）。
A. 是　　　　　B. 否

(33) 在聚会上，你经常等别人先跟你打招呼吗？（　　）。
A. 是　　　　　B. 否

(34) 你每天照镜子超过三次吗？（　　）。
A. 是　　　　　B. 否

【计分方法】

(1) 是→1　否→0　　(2) 是→0　否→1
(3) 是→0　否→1　　(4) 是→1　否→0
(5) 是→1　否→0　　(6) 是→0　否→1
(7) 是→0　否→1　　(8) 是→0　否→1
(9) 是→0　否→1　　(10) 是→0　否→1
(11) 是→1　否→0　　(12) 是→1　否→0
(13) 是→0　否→1　　(14) 是→1　否→0
(15) 是→1　否→0　　(16) 是→1　否→0
(17) 是→1　否→0　　(18) 是→1　否→0
(19) 是→1　否→0　　(20) 是→1　否→0
(21) 是→0　否→1　　(22) 是→0　否→1
(23) 是→0　否→1　　(24) 是→0　否→1
(25) 是→0　否→1　　(26) 是→0　否→1
(27) 是→0　否→1　　(28) 是→0　否→1
(29) 是→0　否→1　　(30) 是→0　否→1
(31) 是→0　否→1　　(32) 是→0　否→1
(33) 是→0　否→1　　(34) 是→0　否→1

【结果解释】

如果你的分数是 25~34 分，说明你对自己自信心十足，明白自己的优点，同时也清楚自己的缺点。不过，在此警告你一声：如果你得分将近 40 的话，别人可能会认为你很自大狂傲，甚至气焰太胜。你不妨在别人面前谦虚一点，这样人缘才会好。

如果你的分数是 12~24 分，说明你对自己颇有自信，但是你仍或多或少缺乏安全感，对自己产生怀疑。你不妨提醒自己，在优点和长处各方面并不输给他人，特别强调自己的才能和成就。

如果你的分数是 11 分以下，说明你对自己显然不太有信心。你过于谦虚和自我压抑，因此经常受人支配。从现在起，尽量不要去想自己的弱点，多往好的一面去衡量；先学会看重自己，别人才会真正看重你。

要点提示

这样做，你会自信很多

自信，是对自己能够达到某种目标的乐观、充分估计。美国作家爱默生说："自信是成功的第一秘诀。"可以说，拥有自信就拥有无限机会。那么如何增强自信呢？

（1）关注自己的优点。在纸上列下十个优点，不论是哪方面（细心、视力好等，多多益善），在从事各种活动时，想想这些优点，并告诉自己有什么优点。这样有助你提升从事这些活动的自信，这叫作"自信的蔓延效应"。这一效应对提升自信效果很好。

（2）与自信的人多接触。"近朱者赤，近墨者黑"这一点对增强自信同样有效。

（3）自我暗示，不断对自己进行正面心理强化，避免对自己进行负面强化。一旦自己有所进步（不论多少）就对自己说"我能行！""我很棒！""我能做得更好！"等，这将不断提升自己的信心。

（4）树立自信的外部形象。首先，保持整洁、得体的仪表，有利于增强一个人的自信；其次，举止自信，如行路目视前方等，刚开始可能不习惯，但过一段时间后就会有发自内心的自信；另外，注意锻炼、保持健美的体形对增强自信也很有帮助。

（5）不可谦虚过度。谦虚是必要的，但不可过度，过分贬低自己对自信心的培养是极为不利的。

（6）学会微笑。微笑会增加幸福感，进而增强自信。

（7）扬长避短。在学习、生活、工作中，抓住机会展现自己的优势、特长，同时注意弥补自己的不足，不断进步，肯定能增强自信。

（8）阅读名人传记，很多知名人士成名前的自身资质、外部环境并不好，如果多看一些这方面的材料有助于提升自信心。

（9）增强自信的第九个方法：做好充分准备。从事某项活动前如果能做好充分准备，那么，在从事这项活动时，必然较为自信，而且这利于顺利完成活动并增强整体自信心。

（10）给自己定恰当的目标，并且在目标达成后，定更高的目标。目标不能太高，否则不易达到，如果达不到，对自信心会有所破坏。

（11）冒一次险。当你做了以前不敢做的事以后，你会发现：原来做这件事并没有什么了不起！这对提升自信心很有帮助。

（12）排除压力。过重的压力会使自己意志消沉，对自身产生怀疑，从而破坏自信心，学会排除压力对保持原有自信帮助很大。

（13）做自己喜欢做的事。对自己喜欢做的事，因为比较投入，容易取得成功，继而产生成就感，这非常有利于自信心的提高。

（14）保持健康。注意全面的营养、保证身体锻炼、保持快乐的心境，良好的生理、心

理状况会使自己产生幸福感，进而产生自信心。

（15）尽量依靠自己。有事尽量依靠自己解决，能不断激发自身的潜力，并且通过一次次的成功，不断提升自信水平。自信是成功的第一要诀，有志于成才、成功的人请培养你的自信。

实训 6.3 培养献身精神

实训目标

（1）了解献身精神的内涵和作用。
（2）掌握培养献身精神的方法。
（3）学会在学习和生活中培养献身精神。

实训流程

流程 1 "最后的赤脚医生"案例分析

阅读案例，回答问题。

【案例引入】

最后的赤脚医生

李春燕，27岁，是贵州从江县大塘村乡村医生。三年前李春燕卫校毕业后嫁给了大塘村的一个苗族青年，成为一名乡村卫生员，并且在自己家里开设了一间卫生室。

大塘村是一个苗族村寨，只有她一个乡村卫生员，有2 500多名苗族村民，生活极其贫穷。人们向来缺医少药，过去村里没有医生，得病了除了苦熬，就是请鬼师驱鬼辟邪，或是用"土办法"自己治疗，死了谁也不知道是啥原因。现在，大家已经逐渐习惯了生病去李春燕那儿打针吃药，有了初步的医疗保障。李春燕，严格地讲不能称作医生，只能叫作"卫生员"，因为她没有编制，不享受国家的工资和其他待遇。由于工作环境差、入不敷出，我国的大部分乡村卫生员已改行或外出打工去了。李春燕也遇到过相同的问题，乡亲们来看病，没有钱付药费，只能记账赊欠。2004年年初，一直赔本经营卫生室的李春燕决定关掉卫生室，和丈夫一道去广东打工。当他们正准备出门的时候，闻讯而来的乡亲们正好赶到。村民们掏出皱巴巴的一元、两元钱递给李春燕："李医生你走了，我们可怎么办？这是我们还你的账，不够的我们明天把家里的米卖了，给补上。"李春燕于是没有离开。这是李春燕留在这艰苦的地方做乡村医生以来唯一想放弃的一次。

案例反思：

（1）以上故事体现了李春燕的什么精神？对你有什么启发？

_____
_____。

(2) 你认为要怎样培养献身精神？

_____

_____。

流程2 "人性中的光辉——献身精神"案例分析

阅读案例，回答问题。

【案例引入】

人性中的光辉——献身精神

故事1——死路和活路

有许多人在河边捕蟹，他们都背一个大蟹篓，但多数没上盖。许多初到的人很好奇，提醒他们说："蟹篓不盖上盖子，不怕抓来的蟹跑掉吗？"这些捕蟹人都笑了："蟹篓可以不盖，因为要是有蟹想爬出来，别的蟹就会把它钳住，结果谁都跑不了。"

生活中，有的人就像蟹一样。某地矿井发生透水事故，矿井里的水位快速上升，某个巷道的工人谁也不甘心落后，争先恐后地往外挤；由于巷道口太小，把出口堵得死死的了，谁也无法逃生。而在同一个矿的另一个作业区，队长当时很镇定，他大声喊道："大家不要挤，一个一个来。"他并不急于逃生，而是留在后面指挥，结果20多个矿工全都安全地跑了出来，他自己也脱离了险境。

故事2——钉子

有一个男孩脾气很坏，于是他的父亲就给了他一袋钉子；并且告诉他，每当他发脾气的时候就钉一根钉子在后院的围篱上。第一天，这个男孩钉下了37根钉子。慢慢地每天钉下的数量减少了。他发现控制自己的脾气要比钉下那些钉子来得容易些。终于有一天这个男孩再也不会失去耐性乱发脾气了，他告诉了他的父亲这件事，父亲告诉他，现在开始每当他能控制自己的脾气的时候，就拔出一根钉子。一天天地过去了，最后男孩告诉他的父亲，他终于把所有钉子都拔出来了。

父亲握着他的手来到后院说："你做得很好，我的好孩子。但是看看那些围篱上的洞，这些围篱将永远不能恢复成从前的样子。你生气的时候说的话将像这些钉子一样留下疤痕。如同你拿刀子捅别人一刀，不管你说了多少次对不起，那个伤口将永远存在。话语的伤痛就像真实的伤痛一样令人无法承受。"

人与人之间常常因为一些彼此无法释怀的坚持，而造成永远的伤害。如果我们都能从自己做起，开始宽容地看待他人，相信一定能收到许多意想不到的结果……帮别人开启一扇窗，也就是让自己看到更完整的天空。

故事3——宽大

这是一个参加越战的美军士兵的故事。他从旧金山打电话给他的父母，告诉他们："爸妈，我回来了，可是我有个不情之请。我想带一个朋友同我一起回家。""当然好啊！"他们回答"我们会很高兴见到他的。"不过儿子又继续说："可是有件事我想先告诉你们，他在越战里受了重伤，少了一条胳臂和一条腿，他现在走投无路，我想请他回来和我们一起生活。""儿子，我很遗憾，不过或许我们可以帮他找个安身之处。"父亲又接着说："儿子，你不知道自己在说些什么。像他这样残障的人会对我们的生活造成很大的负担。我们还有自己的生活要过,不能就让他这样破坏了。我建议你先回家然后忘了他,他会找到自己的一片天空的。"就在此时儿子挂上了电话,他的父母再也没有他的消息了。几天后,这对父母接到了来自旧金山警局的电话,告诉他们亲爱的儿子已经坠楼身亡了。警方相信这只是单纯的自杀案件。于是他们伤心欲绝地飞往旧金山,并在警方带领之下到停尸间去辨认儿子的遗体。那的确是他们的儿子没错,但惊讶的是,儿子居然只有一条胳臂和一条腿。

案例反思:

(1) 以上故事说明了什么道理?你如何看待献身精神?

_____

_____。

(2) 你有没有做过无私奉献的事?举例说明。

_____

_____。

流程 3　找一找身边献身精神的表现

献身精神表现在我们的日常生活中,你发现在学习、生活和工作中有哪些行为表现出献身精神?

(1) 学习上:

_____

_____。

(2) 生活上:

_____

_____。

(3) 工作上:

_____

_____。

流程 4　列举有献身精神的案例并分享收获

(1) 列举我国古代献身精神的寓言或案例。

_____

_____。

（2）列举我国近现代历史上献身精神的案例。

_____

_____

_____

_____

_____

_____。

（3）列举外国献身精神的案例。

_____

_____

_____

_____

_____

_____。

（4）完成上述内容后，你的收获是：_____

_____

_____

_____

_____

_____。

要点提示

赞美奉献精神的诗句

（1）粉骨碎身浑不怕，要留清白在人间。——于谦《石灰吟》

（2）捐躯赴国难，视死忽如归。——曹植《白马篇》

（3）春蚕到死丝方尽，蜡炬成灰泪始干。——李商隐《无题》

（4）落红不是无情物，化作春泥更护花。——龚自珍《己亥杂诗》

（5）我自横刀向天笑，去留肝胆两昆仑。——谭嗣同的《狱中题壁》

（6）寄意寒星荃不察，我以我血荐轩辕。——鲁迅《自题小像》

项目 7

创业和创业精神

 项目导读

大学生作为我国的年轻高级知识人群，虽有较为丰富的知识储备，但相较于其他高级知识分子创造力有所欠缺，是符合我国"十四五"规划的创业主要人群。但因为大学生这个群体社会实践经验与能力的欠缺，与创业所需具备的成功要素矛盾，导致大部分大学生创业在初期就自行夭折，使大学生创业成为国家社会共同关注的话题。在"十四五"规划中，也针对这个现象有相应的论述，给大学生创业这个创业过程带来了众多的机遇与挑战，大学生创业也将在这些机遇和挑战中走向新的高度。

 项目实训

实训 7.1 创业

实训目标

（1）了解创业的基本知识。
（2）了解创业所需的基本素质。
（3）掌握创业实务所需。

实训流程

流程1 "陶立群创业"案例分析

阅读案例,回答问题。

【案例引入】

陶立群创业

在绍兴市新建北路5号,有家"新天烘焙"蛋糕店,与其他蛋糕店有点不同,这家店不仅宽敞明亮,而且在店铺的一角摆放着一张圆桌、两张凳子,桌上还放着几本杂志,有点休闲吧的味道。

这家与众不同的蛋糕店的主人,是位刚走出大学校门才两年的年轻人——浙江大学城市学院2006届毕业生陶立群。25岁的他,毕业后自主创业,现在已拥有5家蛋糕连锁店和一家加工厂,成为绍兴市里小有名气的创业青年,今年被评为"绍兴市创业之星"。

2006年6月,陶立群从浙江大学城市学院工商管理专业毕业时,决定开个蛋糕店。他作出这个决定并不是盲目的——大学期间,他曾经经营过校内休闲吧、小餐厅,都做得不错。曾做过"元祖蛋糕"代理的他,对蛋糕市场有所了解,觉得能在这一行闯出一片天地。虽然父母极力反对,但陶立群认准了这条路,决意走下去。2006年夏天,他白天顶着烈日逛绍兴市区大大小小的蛋糕店,看门道、想问题,晚上则躲在房间里查资料,了解市场行情。他还跑到杭州、上海等大城市做蛋糕市场的调查,进行可行性分析。

陶立群的调查有不小的收获:绍兴当时只有"亚都""元祖"两家知名品牌蛋糕店,其余的都是本地小蛋糕店,中高档品牌蛋糕市场相对空缺,而且当时绍兴还没有一家蛋糕店的糕点是现卖现烤的。陶立群的创业梦想定位在打造本地中高档蛋糕品牌上。

2个多月后,当满满9页的《新天烘焙蛋糕店可行性策划书》放在父母面前时,陶立群的父母被说服了,他们拿出积蓄支持儿子创业。2006年年底,第一家"新天烘焙蛋糕店"在绍兴市新建北路5号正式开张,陶立群做起了小老板。他将店面分成两部分,前半部分是自选式的透明橱窗,便于顾客自行挑选;后半部分则用来加工糕点,现做现卖。

起早摸黑,对在创业之初的陶立群来说是常事。为节约成本,采购、运货等工作,陶立群都自己一个人做。优质的用料、独特的口味、有人情味的服务,赢得了消费者的喜爱。2007年5月、10月,陶立群先后开出第二、第三家连锁店。

2008年9月,又有两家新天烘焙店在绍兴市区开张。在鲁迅故里做讲解员的曹圣燕是新天烘焙店的忠实顾客,她说:"'新天'不仅布置得有情调,并且糕点的品种多、口味好,所以经常买。"

谈及今后的打算时,陶立群说,他下一步要在蛋糕店的团队建设上下功夫,并且要不断改善店里的蛋糕品种及销售服务,打响"新天"品牌,力争开出更多的连锁蛋糕店。

案例反思:

(1) 通过阅读以上案例,你有何感想?

_____。

(2) 如果创业,你会选择做什么?

_____。

流程 2 "李宁品牌的发展"案例分析

阅读案例,回答问题。

【案例引入】

李宁品牌的发展

1988年9月17日的汉城奥运会上,训练不系统又勉强上阵的李宁接连在体操器械上严重失误,国内舆论顿时哗然。当人们过度的希望变成了失望的时候,同情也就变成了指责。一些报道竟漫骂李宁"不知羞耻",甚至还有人给他寄去刀片和绳子。同年12月16日,在深圳体育馆,"体操王子"李宁以一曲《难说再见》,正式宣布自己退出体坛,告别自己长达18年的体操生涯。离开体坛的李宁开启了自己的创业之路,李宁公司由于不是国有企业而进不了国营大商场的门,因此,先凭借队友、亲属和朋友的关系网络建立销售网点,然后用特许经营的方式,联系全国个体户经销李宁牌产品。李宁公司的家族化特色很突出,管理者大部分是李宁的亲属。从2000年开始,李宁公司的员工队伍迅速扩大,外资、合资企业的"空降兵"不断进入公司,来自意大利和法国等地的海外设计师、设计工作室先后加盟。

2001年,1992年10月加入李宁公司的张志勇接替陈义红出任北京李宁公司的总经理,成为李宁公司新架构下的管理核心。截至2012年,李宁公司已有6位总监,分别监管生产运作、市场战略、产品策略等。在当时创业时期,中国市场还是需大于供的,体育用品行业品牌未形成鲜明的旗帜。

李宁公司抓住了第一个发展契机,即1990年的北京亚运会。李宁不仅想到了第11届亚运会所带来的契机,更是想到了亚运会火炬接力,李宁慷慨赞助亚运会的接棒手。此时大家都说李宁爱国,使品牌家喻户晓。于是李宁服饰打出了一张"民族牌",之后李宁的明星魅力及其体育界的丰富人脉关系,对"李宁牌"的成长起到了不可或缺的作用,同时独特的企业文化,是李宁公司每个部分紧密协作、奋力向前的接力棒,使所有的供应商、经销商、服务商成为合作伙伴,让所有的员工合力同心。

案例反思:

(1) 李宁在创业过程中是如何做的?有哪些地方可以借鉴?

_____。

（2）如何抓住创业的契机？

_____
_____
_____。

 要点提示

心理素质对创业者的重要性

1. 良好的心理素质是创业者迎接困难的强心剂

创业是一个复杂的社会过程，在这个过程中，创业者可能面临许多问题，有资金的困难、知识水平的困难，还有许多意想不到的困难，面对这些困难，创业者要有强大的心理素质及积极的心理暗示。许多人由于心理素质不好，在遇到困境的时候就消极颓废，让自己一蹶不振，这样是绝对无法取得创业的成功的。而有的创业者则具备了良好的心理素质，遇到困境可以保持冷静与理智，这样才能取得好的结果。

2. 良好的心理素质是创业者取得成功的催化剂

创业者在走向成功创业的道路上，需要具备独立思考、判断、选择、行动的心理品质，才能够开拓创新，不因循守旧、步他人后尘。在当今的经济形势条件下，危机与机遇并存，只有具备了良好的心理素质，创业者才能把握住机遇，做出正确的决策，降低风险，从而取得创业的成功。

3. 良好的心理素质是创业者面对成功的镇静剂

在取得创业的成功后，由于缺乏良好的心理素质，许多创业者往往会自我膨胀，认为自己非常了不起，过高地夸大自己的功劳，这不利于企业日后的长久发展及创业团队的稳定。要知道，一阵子的成功不代表一辈子的成功，越是面对成功的时候，越要求创业者保持一种平和的心态，只有永远不断超越自己，才能够立于不败之地。

流程3　收集关于创业的名人名言

查找有关创业的名言警句（至少5个），并谈谈你对这些名言的理解。

人物	名言警句	个人感悟理解

流程 4　列举个人对创业的想法并评估

请将你个人对创业的想法罗列下来，并给予评估。

领域	你对该领域的哪个方面感兴趣	你认为这个项目有什么价值

流程 5　你有创业的想法吗

为了解在校大学生对创业的态度和创业现状，我们开展了此项调研，请认真如实填写（请在每道题后的括号中填上所选答案的编号）。

（1）现在的您是否有创业的打算？（　　）。

A. 完全没有

B. 考虑过

C. 已经进行创业

D. 已经成功创业

（2）您是否愿意牺牲一些经济收入和时间，来换取实现创业想法的机会？（　　）。

A. 愿意

B. 不愿意

C. 还没想好

（3）如果创业，您创业的首要出发点是什么？（　　）。

A. 解决就业

B. 获取更多财富

C. 挑战自我，实现自我价值

D. 寻找刺激

E. 其他

（4）如果创业，您会选择哪种方式？（　　）。

A. 合伙创业

B. 家庭创业

C. 自主创业

D. 其他

(5) 如果创业，那么你会选择哪个方向？（　　）。

A. 经营店面

B. 代理加盟

C. 高科技创业

D. 智力服务创业

E. 其他

(6) 如果创业，你最容易遇到的困难是？（　　）。

A. 资金不足

B. 经验不足，缺乏社会关系

C. 没有好的创业方向

D. 面对风险心理承受能力不足

E. 家人反对

F. 其他

(7) 创业资金的主要来源是？（　　）。

A. 家庭的支持

B. 亲戚朋友援助

C. 向银行贷款

D. 风险投资

E. 几个人合伙融资

F. 希望申请政府创业基金

(8) 您会根据什么来选择创业领域？（　　）。

A. 市场需求

B. 个人兴趣

C. 对行业的熟悉程度

D. 所学专业

E. 创业门槛（如启动资金、风险等）

(9) 当您在创业过程中发现资金不足等财务问题时，您会？（　　）。

A. 向政府部门申请资金

B. 向银行贷款

C. 吸引风险投资

D. 向亲朋好友借钱

E. 自己积累

F. 其他

(10) 您认为大学生创业相对于社会其他阶层优势在哪里？（可多选）（　　）。

A. 年轻有活力，勇于拼搏

B. 专业素质较高

C. 学习能力强，有创新精神

D. 网络信息能力强

E. 其他

(11) 您对国家出台的扶持大学生自主创业的相关政策、法规是否关注？（　　）。

A. 经常关注，很清楚

B. 偶尔关注，比较清楚

C. 不太愿意主动去了解，知道一点

D. 一点也不知道

(12) 您觉得目前的大学生创业扶持政策作用有多大？（　　）。

A. 很大

B. 一般

C. 基本没有

D. 不清楚

(13) 您认为政府在大学生创业方面应该做哪些扶持？（　　）。

A. 大学生科技创业基金支持

B. 社会化专业化管理服务机构提供服务

C. 政策支持

D. 鼓励宣传

E. 政府不应扶持，不应再出台过多的这类政策，使大量大学生盲目地选择创业而荒废学业

(14) 您认为大学生创业最需要的是什么？（　　）。

A. 个人或团队研究成果或专利

B. 个人强烈的价值观志向

C. 大学生科技创业基金支持

D. 学校提供的各类创业培育和服务

E. 得到社会化专业化的管理和服务

(15) 您认为创业教育是否有必要？（　　）。

A. 是

B. 否

(16) 您认为创业教育最好的方法是？（　　）。

A. 请成功人士讲授创业经验

B. 到创业成功企业实地参观考察

C. 请专家讲授理论

D. 创业模拟训练

(17) 您希望通过怎样的途径获得创业方面的知识和技能？（　　）。

A. 老师授课

B. 活动加训练

C. 亲身实践

D. 其他

(18) 你觉得本校创业教育开展情况如何？（　　）。
A. 很好
B. 还可以
C. 很一般
D. 几乎没有
E. 不了解

(19) 您认为您现有的创业方面的知识和技能满足创业的要求吗？（　　）。
A. 满足
B. 基本满足
C. 说不清
D. 不满足

(20) 您觉得作为一个创业发起人应具备哪些素质理论基础？（　　）。
A. 较好的组织能力
B. 具有专业知识的背景
C. 具备较好的沟通能力
D. 具有良好的心理素质和适应能力

(21) 如果自主创业，大概多少的资金投入是您能够承受的？

_____

_____。

实训 7.2　创业精神

实训目标

（1）了解创业精神的内涵。
（2）熟悉创业精神的五大要素。
（3）掌握培养创业精神的方法。

实训流程

流程 1　"'猪肉大王'陈生"案例分析

阅读案例，回答问题。

【案例引入】

"猪肉大王"陈生

陈生毕业于北京大学，十多年前放弃了自己在政府中让人羡慕的公务员职务毅然下海，倒腾过白酒和房地产，打造了"天地壹号"苹果醋，在悄悄进入养猪行业后，用不到两年的时间在广州开设了近100家猪肉连锁店,营业额达到2个亿,被人称为广州千万富翁级的"猪肉大王"。

实际上,之所以能在养猪行业里很短时间就能取得骄人成绩,成为拥有数千名员工的集团的董事长,还在于陈生此前就经历的几次创业的"实战经验":陈生卖过菜,卖过白酒,卖过房子,卖过饮料。这使得陈生有这样独到的见解:很多事情不是具备条件、做好了调查去做就能做好,而是在条件不充分的时候就要开始做,这样才能抓住机会。

虽然走的还是"公司+农户合作"的路子,但针对学生、部队等不同人群,却能够选择不同的农户,提出不同的饲养要求,比如,为部队定制的猪可肥一点,学生吃的可瘦一点,为精英人士定制的肉猪,据传每天吃中草药甚至冬虫夏草,使公司的生猪产品质量与普通猪肉"和而不同"。在这样的"精细化营销"战略下,陈生终于在很短的时间内叫响了"壹号土猪"品牌,成为广州知名的"猪肉大王"。

案例反思:

(1) 以上案例说明了什么道理?你有什么感想?

_____

_____

(2) 你认为什么是创业精神?

_____

_____

流程2 "国内第一家由在校大学生创立的互联网公司"案例分析

阅读案例,回答问题。

【案例引入】

国内第一家由在校大学生创立的互联网公司

北京易得方舟信息技术有限公司(FanSo.com)是由清华大学学生于2009年创建的,它是国内第一家由在校大学生创立、吸引风险投资创办的互联网公司。FanSo作为ICP(因特网内容提供商)公司开辟了"新闻在线""环球影视""啸林书院""打开音乐""游戏辞海"和"我的家"等频道,FanSo还提出了一套全新的"CampusAge中国高校电子校园解决方案",为加速中国高校校园电子化建设进程服务。FanSo已经从一个不到10人的创业团队发展成为拥有100余名员工的初具规模的商业公司,2012年再次成功融资660万元,其页面浏览量已经突破250万,在四个月内就成长为教育网内最大的站点。

案例反思:

(1) 通过阅读以上案例,你认为它的成功之处在哪里?

_____

_____

_____

(2) 如果你要创业，案例中有什么地方可以借鉴？
_____
_____
_____
_____。

流程 3　收集有创业精神的案例并分享收获

(1) 列举我国古代创业精神的案例。
_____
_____
_____
_____
_____
_____。

(2) 列举我国近现代历史上创业精神的案例。
_____
_____
_____
_____
_____
_____。

(3) 列举外国创业精神的案例。
_____
_____
_____
_____
_____。

(4) 完成上述内容后，你的收获为：_____
_____
_____
_____
_____
_____。

要点提示

解读什么是"创业精神"

一个人要想获得创业的成功,创业者必须具备基本的创业精神。创业精神包括四有,分别是:有梦想、有野心、有实干、有坚持。

(1) 创业者必须要有梦想,并且梦想越大越好,因为梦想是创业路上的动力源泉,要知道任何创造成功的过程都一定会历经不同的困难和痛苦。如果一个没有梦想的创业者,他一旦遇到困难或挫折,首先放弃的往往总是梦想。

很多的创业者都是白手起家的一族,当我们选择了创业,就得把梦想变为与自己共存亡的东西,千万不可放弃。哪怕是置身于生死边缘的汪洋之中,只要还能抓住一棵浮草,只要还有梦想和你生死与共,就得努力地抓住往上爬,只要梦想永在,坚持努力梦想就总有实现的时候。

(2) 创业者要有野心,创业意味着我们是从零开始、从无到有、从小到大的不断前进创造的过程,这时的我们也许要面对更大的困难,往往是强大的竞争对手的压力等,不想做将军的士兵不是好士兵,创业者必须得有有朝一日超越强敌,要做就做最好,做出行业第一的野心。

(3) 创业者要有实干,一切的梦想和野心以及最后的成功,都离不开立即行动,实实在在地苦干实干。创业者必须明白,我们创业阶段是处在一个100%付出,收获也许不足1%的阶段,少抱怨公平与否,认准了就从小事细节做起,做细做精细节小事,少些投机取巧。万丈高楼平地起,夯实基础是创业越创越轻松的成功保障。

(4) 创业者要有坚持,有个故事讲的是我们现实人生的另一个你,每个人身上都必须背负有一个十字架,乞丐的十字架可能是草做的,很轻,背起来很轻松;百万富翁的十字架也许是铁做的,背起来很沉很累;到了比尔·盖茨或李嘉诚这样的成功人士这里,他们身上背负的十字架可能就是更重更沉的黄金十字架了。

这里的十字架代表的正是责任、困难、痛苦、打击等问题,也就是说你追求的梦想越大,你就得准备好面对相应的十字架重量。随时鼓励自己,不懈努力坚持是创业通向梦想的门票。

21世纪的青年人应该早立、快立志向,自谋职业,勤劳致富,做一个有梦想、有野心、有实干、有坚持的四有青年,趁早建立起自己的事业。

项目 8

创业准备

项目导读

创业的成功案例一直像磁铁似的吸引着大众,于是越来越多的人开始走上了创业之路。但创业路是一条漫长的道路,中间会经过各种各样的困难与问题。有的人成功了,得到了鲜花与掌声,但往往还有很大一部分人以失败告终。人人都可以创业,但不是每个人都能成功。创业必须打有准备的仗,创业前到底需要做好哪些准备工作才能保证事半功倍的效果呢?

项目实训

实训 8.1 创业思路准备

实训目标

(1) 了解创业技术书的基本格式与内容。
(2) 掌握制作一份创业计划书的能力。

实训流程

流程 1 案例分析

阅读案例,回答问题。

【案例引入】

案例一:不花一分钱,复制别人的项目赚钱

有一个河南的小伙,在一家超市门口看见别人搭了个简易台子在卖集团手机充值卡,这种卡就是买 100 元送 100 元的,打电话很便宜,不过这种充值卡充的钱,只能打电话,不能发短信。但是也非常吸引消费者,引起很多人围观,十分钟就卖出去 5 张了。小伙子看这人卖得这么快，便趁人家不忙的时候，过去打听打听。

因为这个商场还有另外一个出口，如果这个卡很赚钱的话，可以在另外的一个出口搭个台子再卖。打听之后得知，卖卡的人也是从老板那里批发的，每卖出一张卡可以赚8元，人流量大的时候，1个小时能卖30张，1个小时就能赚240元。

每天这个商场人流量大的时间也就这么几个小时。交完场地租金，每天还能赚1 000多元。当然了，这个生意成本比较大，进货的时候一次进了1 000张。

这位河南的小伙就跟他商量，让他第二天多带一个台子过来，再多带一些卡，他在超市的另外一个出口帮他卖，每张只需提成5元。第二天，这小伙就在超市的另外一个出口卖了5个小时，总共卖出去100来张，就轻轻松松赚了500元。

案例二：借开店人的货，为自己赚钱

朋友开了一个鸭脖子店，但是没有开1个月，因为没有可观的人流量，于是以失败而告终，手头的钱也不多了。

有一天他突然想到，他在开鸭脖店的时候，在批发市场进货，认识了几个同样也是开鸭脖店的老板，一交谈才知道，大家生意都不好做。他在想，能不能找这些老板进货，卖到网吧里面去呢，开始的时候少进点，有了熟人的关系，可以先卖货后付款。

风险也不大，关键是不需要自己亲自制作，自己跑跑腿就行了。大家都是熟人，卖完了货再付钱，这些鸭脖店的老板，也很乐意多了这么一个业务员。

于是，他买了一辆二手电动车，到各大网吧去卖鸭脖、鸭腿、鸭肠等，卖出去多少，再给老板分一部分利润。那种大一点的网吧，每个网吧卖出去20个鸭腿，就能挣40元，给老板分10元，还剩30元。一天跑10家网吧，也能赚300元。要是再勤奋点，就能赚更多了。

再举个例子，在一个南方的小镇发生的故事。当然了，他们的小镇比较大，可能相当于内地的县城面积那么大，这个小镇有一个卖包子的人，天天骑着电动车，到处走到处卖，老远都能听到他的喇叭的声音"馒头，包子，山东馒头……"，他的包子个头小，但是味道特别好，价格也比较贵，3元一个包子，他至少能赚2元，一天到晚至少也能赚500元。最后一问才知道，他自己是不起早做包子的，他也是从老板那里拿的货。

案例反思：

(1) 通过阅读以上案例，你认为生意的本质是什么？

_____
_____
_____
_____。

(2) 以上案例有没有带给你什么创业思路？

_____
_____
_____
_____
_____。

流程 2　搜索创业思路

通过各种途径对可能的创意和灵感展开搜索。

（1）关注国家经济政策，国家鼓励什么、限制什么、行业未来的发展趋势如何？这些都含有很多创业机会。

_____

_____

_____。

（2）在你居住的地区、老家或是你想创业的地方进行市场调查，收集相关资料，查找可能的创业思路。

_____

_____

_____。

（3）从你感兴趣有擅长的产品出发，利用创新的方法联想相关可能的创业思路。

_____

_____

_____。

（4）在个人经验基础上运用灵感，产生创意。

_____

_____

_____。

流程 3　论述自己的创业思路

创业机会识别是创业领域的关键问题之一，它是创业的起点。创业过程就是围绕着机会进行识别、开发、利用的过程。如何正确地识别创业机会是创业者应当具备的重要技能。

（1）现有的市场机会：

_____

_____

_____。

（2）潜在的市场机会：

_____

_____

_____。

（3）衍生的市场机会：

_____

_____

_____

_____。

实训 8.2　创业环境分析

> **实训目标**

(1) 了解大学生创业环境的现状。
(2) 掌握培养大学生创业创新能力的途径。

> **实训流程**

流程 1　"张宗华"案例分析

阅读案例，回答问题。

【案例引入】

张宗华

张宗华，广西师范大学的一名学生，他于 2013 年注册了桂林赛特（SITE）电子产品开发有限公司，并正式入驻桂林高新技术产业开发区，注册资金 30 万元，他的公司主要致力于计算机硬件、软件及外设产品开发与销售，并运用自身优势，着力于企业网站建设与维护、域名空间、企业邮局销售、计算机组装等业务。公司有自身的经营策略——"兵马慎动，策略先行，运筹帷幄，决胜千里"。公司自成立至今运行情况良好。公司的总经理也是创始人，张宗华是一个有魄力的人，在公司营运初期资金短缺的情况下，他利用原先积累的经验和发展起来的人际关系赊购了 25 套 OA 办公室系统，每套一万五，三个月后回笼资金并且获利数十万，同时他也迅速地树立起自己公司的良好信誉。张宗华作为学生创业的一个成功代表，他在大学期间就做了很多次的创业尝试，大一下学期，生活贫困的张宗华为解决生活费就开始自主创业，并在第一次的倒卖土特产经历中成功地淘到第一桶金，而后他先后尝试投资"浪人工作室""180 度文化休闲吧""猎人工作室"等，但是，由于种种原因，这些创业成果都如昙花一现，均以失败告终。在创办赛特之前，张宗华承受了很多的失败，付出了时间、精力、资本，收获的却是失败的经验和反省。但也正是这些沉甸甸的精神收获造就了以后成功的赛特、成功的张宗华。张宗华坦言，在创业过程中遭受了很沉重的挫折和考验，而他自身在其中也学到了很多的东西，"苦涩多于甘甜，创业需要的不仅仅是激情，学生时期创业并不适合所有的人"。

案例反思：

(1) 以上案例反映了什么问题？你有什么感想？

_____

(2) 如果你要创业，在客观创业环境不完善的条件下，你会怎么做？

_____

流程 2　"承认不可预测性，不自我设限"案例分析

阅读案例，回答问题。

【案例引入】

承认不可预测性，不自我设限

曾经有一位成功的商人，回顾自己创业初期的时候感慨良多："人生，总是会有很多机会摆在你眼前，但是即使是机会，也都有许多不可预测性。一旦你全身心做一件事，老天总是不会太绝。为你关上一道门一定会打开一扇窗。困境面前，一定会有另一条路摆在你面前，就看你能不能当机立断，抓住，然后跃进新的一层。"

跃进的关键，就在于承认不可预测性，不逃避困难，要在自己心里始终为未知打开一扇门。即使一切变得难以掌控，仿如一个偌大的混沌世界，令人感到焦虑困惑甚至窒息，但也恰恰是这样，才为其中敢于当机立断的人保留了一个可以施展的空间。这个空间，介于理性和想象边缘，意志情感起着巨大的作用，勇气和热情才是最真的旅伴。

明白人生是不可预测的，意义就在于不要自我设限。有人因此甚至把不可预测性看成生活最伟大的一点。高盛 CEO 贝兰克梵就有过一个精彩的阐述："试试和那些具有野心的人为伍，让你置身于可成长的环境中——在那种你不仅可以让自己进步，其他人也会推动你前进的环境。一个从贫困小区长大的孩子掌管世界最大金融机构的机会有多大？你永远也不会知道。不可预测性是生活最伟大的一点。"

你改变，这个世界也在改变。野心是你内心的声音，告诉你可以而且应该努力去超越人生的处境或者是限制。你必须克服障碍，扛住压力，打消自我怀疑，你能做到这些都是因为你有足够的野心。

案例反思：

（1）通过阅读以上材料，你有什么启发？

_____

_____。

（2）通过阅读以上材料，谈谈对我国创业形势的分析。

_____

_____。

要点提示

当前我国创业环境的特点

当前，我国群体性创业活动最明显的特征就是表现出平民化趋势。特别是电子商务进入 2.0 时代，更加推动了这种平民化趋势的快速发展。这种平民化趋势表现为以下几个特点。

1. 创业的门槛低，适宜平民进入

中国的经济环境已经发生了变化，入世后市场竞争日益国际化，政府的管理趋向透明，法

律更加健全，竞争环境更宽松、公平，这些都使创业的门槛降低，非常适合平民创业者的进入。

2. 创业主体来自社会基层，具平民色彩

这种平民化的创业主体格局适宜我国社会主义初级阶段的经济特征和多数创业者起步阶段的经济状况。门槛低，起步点低，适宜大量平民进入成为创业主体，因此才能形成群体性创业潮。

3. 创业营销活动具有平民化定位

这些具有平民色彩的创业企业，大都能在自己创业的过程中坚持平民化的视角和营销思路。实行平民化的价格定位和发展模式，体现出平民创业的发展特点和聚财方式。

4. 平民化创业企业显示了平民聚财的旺盛生机

这些具有平民视角的企业由于市场定位科学，就获得了最大的客户资源和市场空间。因此发展迅速，显示了平民化定位的渠道优势和竞争优势，展现了旺盛的生命力。

流程3　分析自己创业的优势与劣势

根据自身实际情况，列举创业的各项优势、劣势，填入表8-1中。

表8-1　分析自己创业的优、劣势

主要方面	优　势	劣　势
身体方面		
性格方面		
知识方面		
能力方面		
家庭方面		
资源方面		
实践方面		

流程4　选择创业地区和行业

在对自身创业进行环境分析的基础上，选择创业的地区和行业。

（1）你创业的地区。

_____

_____

_____。

（2）你创业的行业。

_____

_____

_____。

项目 9

创业计划书

项目导读

创业计划书是关于创业活动的一个正式的书面文件,制订创业计划是进行创业准备所要做的一项重要工作,其实质是强调"想好了再干"这样一个基本理念。毕竟人们做任何事情都不能想当然地、糊里糊涂地、漫无目的地开始。有了好的创业计划,就有了好的行动方案,也就有了成功的希望。

项目实训

实训 9.1 拟订创业计划书

实训目标

(1) 了解创业技术书的基本格式与内容。
(2) 独立制作一份创业计划书。

实训流程

流程 1 "营养彩面面馆创业计划书"案例分析

阅读案例,回答问题。

【案例引入】

营养彩面面馆创业计划书

1. 面馆选址

(1) 住宅社区:住宅社区是开面馆最好的选择,住宅社区的人口组成均匀,都以家庭为单位,出门用餐概率高,每一个家庭2~6人,座位应具有能足够容纳的环境,菜色选择也要丰富,装修必须花较多成本,才能满足大人与小孩的需求,消费以午餐、晚餐与假日就餐为主，不会出现明显的淡季与旺季之分。

（2）工商业区：上班族群聚的地方，活动时间以白天为主，因此消费时机在午餐，由于午餐时间并不长，而用餐都在11—13点，对餐品供应速度要求较高，工商业区对用餐环境要求不高，讲求卫生清洁，服务态度要好，座位可以较密集，以容纳更多顾客，晚餐只有加班人用餐，如你的特色面食讲究，对晚餐营业有所帮助，每星期一至星期五是消费者集中时间，星期六与星期日则相对清淡。

（3）学校园区：每年扣除休假只做九个月，面馆只适合大学、专科学校，这类学校学生消费水平并不高，但是消费能力较高，学生消费族群容易受流行趋势改变，因此对菜色变化要求不断，对餐饮环境卫生要求较高，这是他们选择用餐地点的重要依据；午餐、晚餐、夜宵皆可做，都有生意上门；寒假暑假可能主要是周边人群消费，会相对冷清些，但利润仍然能得到很好的保证。

（4）市场夜市：夜市，各样各色人聚集之地，它综合了娱乐、购物、餐饮等五花八门的行业，人流量较大，同时竞争也相对直接而且激烈，所以面馆要讲求特色，别人能做我能做，我做的别人做不了！营业时间都以晚上为主，下午是准备材料，晚上从下午5点开始至凌晨2点。逛夜市的人普遍想每样都吃看，所以供应面的分量可以比一般少些，种类多些。

针对人群：时尚的年轻人、小孩、学生，以及喜欢吃面的家庭。

2. 成本预算

彩面投资成本小，市场广阔，基本上能够保证稳赚不赔，假定一家50平方米的面馆，主要投资为：

彩面制作设备：2 000~4 000元；

厨房设备：6 000元；

店内装修及配备：10 000元；

人员工资：4 000元/月；

流动资金：1 800元/月；

水电气：1 000元/月；

开业宣传：1 000元；

房租：3 000~5 000元/月；

转让费：0~60 000元（铺面转租后仍能回收）；

总投资为：30 000~80 000元。

3. 收益分析

早餐50碗；午餐120碗；晚餐90碗。一天营业额约为1 300元，一个月利润约为22 600元。

4. 经营模式

主营营养彩面，可以结合彩色饺子、包子、馒头、馄饨等销售。

案例反思：

（1）你会给这篇创业计划书打几分？

_____
_____。

（2）请评价这篇计划书的优点及缺点？
_____
_____
_____。

（3）请按照你的构想修改此篇范文。
_____
_____
_____。

流程 2　制作一份网店创业计划书

1. 选择浏览以下电子商务网站

进入 http://site.baidu.com/，选择"购物"，单击"更多"购物综合。

淘宝网、易趣网、阿里巴巴、拍拍网、当当网、卓越网、麦考林、2688商城、京东商城、快乐购、PPG男装、VANCL衬衫、鲜花礼品网、逛街网、篱笆论坛、我爱打折、图书音像、当当网、卓越网、蔚蓝书店、孔夫子旧书网、中国图书网、99书城、中国音像商务网、中演票务通、手机数码、北斗手机网、欧酷、绿森数码、新蛋网、18900手机网、锐意网、女性母婴、果皮网、红孩子、麦网、乐友、丽家宝贝、No5时尚广场、天天购物网、导购打折、精品网、我爱打折、名品导购网、篱笆网、易购网、试优网、大拿网、易比网、麦当劳优惠券、约会明天。

2. 网店创业计划书的主要内容

在浏览以上网站的基础上，制作一份网店创业计划书。计划书的主要包括以下内容（不限于这些内容）。

（1）网店名称及寓意，概况介绍等。

（2）市场分析。网店的目标受众（客户群、客户的年龄段、消费特征、购买力等）；市场竞争情况。

（3）网店的经营宗旨、经营目标、经营方式、经营策略、销售区域、网店特色等。

（4）设想网店规模和内容。网店规模；经营的产品类型、品种、档次等；产品价格；网上订购：针对相关产品为用户设计一个简单的网上订购程序；支付结算方式；物流配送方式；售后服务：有关质量保证条款、售后服务措施；促销方式等。

（5）网站推广策略。

（6）网站的整体投入预算、资金来源等。

3. 创业计划书的制作要求

（1）格式规范：正文上、下页边距应为25.4 mm，左右页边距应为31.7 mm；大标题采用小三号宋体加粗，二级标题采用宋体四号加粗，三级标题采用宋体小四加粗。

文中的章节编号统一采用如下格式：一、（一）1.（1）。正文采用小四号宋体，1.5倍行距。

（2）主题明确，逻辑严密，层次清晰，资料翔实，数据可靠，语言流畅。字数1 500字以上。

要点提示

创业计划书通常包括封面、保密要求、目录、摘要、正文（综述）、附录几部分。

1. 封面（标题页）

标题页可以放一张企业的项目或产品彩图，但需留出足够的版面排列以下内容：创业计划书编号、公司名称、项目名称、项目单位、地址、电话、传真、电子邮件、联系人、公司主页、日期等。

2. 保密要求

保密要求可放在标题页，也可放在次页，主要是要求投资方项目经理妥善保管创业计划书，未经融资企业同意，不得向第三方公开创业计划书涉及的商业秘密。

3. 目录

目录标明各部分内容及页码，要注意确认目录页码同内容的一致性。

4. 摘要

摘要是对整个创业计划书的概括，目的在于用最简练的语言将计划书的核心、要点、特色展现出来，吸引阅读者仔细读完全部文本，因而一定要简练，一般要求在两页纸内完成。摘要十分重要，它是出资者首先要看的内容，因而必须能让读者有兴趣并渴望得到更多的信息，并留下长久的印象。计划摘要应从正文中摘录出投资者最关心的问题，包括对公司内部的基本情况，公司的能力及局限性，公司的竞争对手、营销和财务战略，公司的管理队伍等情况的简明而生动的概括。如果公司是一本书，它就像是这本书的封面，做得好就可以把投资者吸引住。

5. 正文

正文是创业计划书的主体部分，要分别从公司基本情况、经营管理团队、产品/服务、技术研究与开发、行业及市场预测、营销策略、产品制造、经营管理、融资计划、财务预测、风险控制等方面对投资者关心的问题进行介绍，要求既有丰富的数据资料，使人信服，又要突出重点，实事求是。

6. 附录

附录是对正文中涉及的相关数据、资料的补充，作为备查。

流程 3 收集优秀的创业计划书进行分析

（1）在网络、杂志中查找创业计划书范文（至少 3 个）。

_____。

（2）优秀的创业计划书应具备哪些优点？

_____。

（3）优秀的创业计划书还存在哪些不足？

_____。

流程 4　将收集的创业计划书及想法制作成 PPT 汇报

将收集的创业计划书及想法体会制成 PPT，在课堂上汇报，汇报后听取同学建议进行改进。

_____
_____
_____。

实训 9.2　创业计划小调研

实训目标

（1）了解创业计划的作用。
（2）能够评估创业风险。

实训流程

流程 1　做一份关于大学生创业计划的市场调查

（1）明确调查目标。
_____
_____。

（2）设计调查方案。
_____
_____。

（3）制作调查表。
_____
_____。

（4）确定调查地区范围。
_____
_____。

（5）调查资料的整理和分析。
_____
_____。

（6）撰写调查报告。
_____
_____。

（7）分析最受大学生欢迎的创业项目。
_____
_____。

（8）总结最受大学生青睐的融资方式。
_____
_____
_____。

要点提示

　　调查表是市场调查的基本工具，调查表的设计质量直接影响市场调查的质量。设计调查表要注意以下几点。

　　（1）调查表的设计要与调查主题密切相关，重点突出，避免可有可无的问题。

　　（2）调查表中的问题要容易让被调查者接受，避免出现被调查者不愿回答或令被调查者难堪的问题。

　　（3）调查表中的问题次序要条理清楚，顺理成章，符合逻辑顺序，一般容易回答的问题放在前面，较难回答的问题放在中间，敏感性问题放在最后；封闭式问题在前，开放式问题在后。

　　（4）调查表的内容要简明，尽量使用简单、直接、无偏见的词汇，保证被调查者能在较短的时间内完成调查表。

流程 2　创业风险评估调研

（1）确定访谈对象。
_____
_____。

（2）准备访谈提纲。
_____
_____
_____。

（3）做好访谈记录。
_____
_____
_____。

（4）分析总结，做成 PPT。
_____
_____
_____。

（5）在课堂上展示，并做好分析。
_____
_____
_____。

> **要点提示**

大学生如何规避创业风险

大学生创业时,或者在校学习,或者刚刚走出校门,对社会上存在的风险认识比较少,所以创业的过程中可能会遇到很多的问题。为了规避大学生创业过程中存在的风险,我们给出以下建议,望创业学生参考。

1. 市场瞬息万变

市场随时会发生巨大改变,但不会有人及时提醒你,防范只能靠自己增加本领。一方面,去企业打工或实习,积累相关的管理和营销经验;另一方面,积极参加创业培训,积累创业知识,接受专业指导,提高创业成功率。

2. 广开渠道

除了银行贷款、自筹资金、民间借贷等传统方式,还可以充分利用投资、天使投资、创业基金等融资渠道。

3. 做好市场调研

大学生创业者在创业初期一定要做好市场调研,也可委托专业机构进行可行性研究,在了解市场的基础上创业。一般来说,大学生创业者资金实力较弱,选择启动资金不多、人手配备要求不高的项目,从小本经营做起比较适宜。

4. 技术、经营两手抓

要想创业成功,大学生创业者必须技术、经营两手抓,制定科学规范的管理制度。可从合伙创业、家庭创业或低成本的虚拟店铺开始,锻炼创业能力,也可以聘用职业经理人负责企业的日常运作。

5. 多参加社会实践

平时多参加各种社会实践活动,扩大自己人际交往的范围。创业前,可以先到相关行业领域工作一段时间,通过这个平台,为自己日后的创业积累人脉。

6. 参加创新创业大赛

在参赛过程中,可以接受投资人对创业项目的指导,为以后的创业积累人脉。

创业不是一蹴而就的,也不是轻松简单的过程。所以,大学生创业不能只有一腔热情,更需要的是学习很多东西,掌握新的技巧,这样才能有效地规避创业过程中的风险,更好地走上创业之路。

流程3 创业能力自测

创业能力自测,共24题,每题1分,每答对一题得1分,共24分。

(1) 你在哪一种条件下,会决定创业?(　　)。

A. 等有了一定工作经验以后

B. 等有了一定经济实力以后

C. 等找到天使或 VC 投资以后

D. 现在就创业,尽管自己口袋里没有几个钱

E. 一边工作一边琢磨,等想法成熟了就创业

(2) 你认为创业成功的关键是?（　　）。

A. 资金实力

B. Good idea

C. 优秀团队

D. 政府资源和社会关系

E. 专利技术

(3) 以下哪项是创业公司生存的必要因素?（　　）。

A. 高度的灵活性

B. 严格的成本控制

C. 可复制性

D. 可扩展性

E. 健康的现金流

(4) 开始创业后你立刻做的第一件事情是?（　　）。

A. 找钱、找 VC

B. 撰写商业计划书

C. 物色创业伙伴

D. 着手研发产品

E. 选择办公地点

(5) 创业公司应该?（　　）。

A. 低调埋头苦干

B. 努力到处自我宣传

C. 看情况顺其自然

D. 借别人的势进行联合推广

(6) 招聘员工时最重要的是?（　　）。

A. 学历高低

B. 朋友推荐

C. 成本高低

D. 工作经验

(7) 产品进入市场的最佳策略是?（　　）。

A. 价格低廉

B. 广告投入

C. 口碑营销

D. 品质过硬

(8) 和投资人交流最有效的方式是?（　　）。

A. 出色的现场 PPT 演示

B. 详细的商业计划书和财务预测

C. 样品当场测试

D. 有朋友的介绍和引荐

E. 通过财务顾问的代理

(9) 选择投资人的关键因素是？（   ）。

A. 对方是一个知名投资机构

B. 投资方和团队不设对赌条款

C. 谁估值高就拿谁的钱

D. 谁出钱快就拿谁的钱

E. 只要能融到钱，谁都一样

(10) 你认为以下哪一项是 VC 投资决策中最重要的因素？（   ）。

A. 商业模式

B. 定位

C. 团队

D. 现金流

E. 销售合约

(11) 从哪句话里可以知道 VC 其实对你的公司并没有实际兴趣？（   ）。

A. "我们有兴趣，但是最近太忙，做不了此项目"

B. "你们的项目还偏早一些，我们还要观察一段时间"

C. "你们如果找到领投的 VC，我们可以考虑跟投一些"

D. "我们这个行业不熟悉，不敢投"

E. 上面任何一句话

(12) 创业团队拥有 51% 的股份就绝对控制了公司吗？（   ）。

A. 正确

B. 错误

(13) 创业公司的 CEO，首要的工作责任是（   ）。

A. 制定公司的远景规划

B. 销售

C. 人性化的管理

D. 领导研发团队

E. 搞进投资人的钱来

(14) 凝聚创业团队的最好办法是？（   ）。

A. 期权

B. 公司文化

C. CEO 的魅力

D. 工资和福利

E. 团队的激情

(15) 创业公司的财务预测中最重要的是？（   ）。

A. 销售增长

B. 毛利率

C. 成本分析

D. 资产负债表

(16) 创业公司的日常运营中，以下工作（　　）是最重要的。

A. 会议记录的及时存档

B. 业绩指标的合理安排和及时跟踪

C. 团队的经常性培训

D. 奖惩制度

E. 管理流程的 ISO 9000 认证

(17) 创业公司的日常运营中，最棘手的问题是？（　　）。

A. 人的管理

B. 销售增长

C. 研发的速度

D. 资金到位情况

E. 扩张力度

(18) 创业公司产品市场推广效果的衡量标准是？（　　）。

A. 广告投入量和覆盖面

B. 营销推广的精准程度

C. 产品出色的品质保证

D. 广告投入和产出比例

E. 产品价格的打折力度

F. 品牌的市场渗透率

(19) 防止竞争的最有效手段是？（　　）。

A. 专利

B. 产品包装

C. 质量检查

D. 不断研发新产品

E. 比竞争对手更快地占领市场

(20) 创业公司的第一个大客户竟然是个土财主，你会？（　　）。

A. 一视同仁地对他提供你公司的标准服务

B. 指导他如何来积极配合你的工作

C. 修理他，给他些"颜色"看看是为了他的提高

D. 提供全面服务+免费成长辅导

(21) 你认为创业公司中的最大风险是？（　　）。

A. 市场的变化

B. 融资的成败

C. 产品研发的速度

D. CEO 的个人能力和素质

E. 决策机制的合理性

(22) 当创业公司账上的现金低于三个月的需求时，应该采取哪项措施？（　　）。

A. 立刻启动股权融资

B. 通知现有公司股东追加投资

C. 立刻大幅削减运营成本，包括裁员
D. 打电话给银行请求贷款
E. 把自己的存折和密码交给公司会计

（23）创始人之间发生矛盾时，你会（　　）。

A. 坚持原则，据理力争
B. 决定离开，另起炉灶
C. 委曲求全，弃异求同
D. 引入新人，控制局势

（24）投资创业公司的理想退出方式是？（　　）。

A. 上市
B. 被收购
C. 团队回购
D. 高额分红
E. 以上都是

【结果解释】

（1）如果你的得分是 1~8 分：还不具备创业的基本知识，不要贸然创业。
（2）如果你的得分是 9~16 分：游走在创业的梦想和现实之间，继续打磨打磨吧。
（3）如果你的得分是 17~24 分：已经做好了创业的基本准备，大胆往前走吧。

项目 10

创业资源

项目导读

大学生面临的就业形势日益严峻，创业潮流来得更是迅猛。现如今大学生就业压力大，国家鼓励大学生自主创业。创业者在创业之前应该了解创业机会，学会怎么去识别、发现、把握和选择创业机会。更重要的是，能根据自身的因素，筛选出最适合自己的机会并且找到理想的创业思路，及时地去实现它，最后获得成功。

项目实训

实训 10.1 认识创业机会

实训目标

（1）了解创业机会。
（2）掌握寻找创业机会的方法。

实训流程

流程 1 "化整为零"案例分析

阅读案例，回答问题。

【案例引入】

化整为零

在珠海市前山明珠南路有一个袜子店。这家店只有 10 平方米，小小的面积，卖的是小小的袜子，而且不是寻常的袜子，而是市面上不很常见的品种——五趾袜。就是这样的一个小店，卖这样薄利的一个冷门商品，每个月带给店主的收益却超过万元，以致让周围很多精明的商人都大跌眼镜，感到不可思议。

这家店的名字就叫"碧玉五趾袜子专卖店"。店主谭碧辉，原来是从江西萍乡来到珠海的一个打工妹。谭碧辉在珠海打了几年工，攒了一点钱，就想自己做生意。但是，对于做什么生意她却拿不定主意，问周围的朋友，也没有一个人拿得出一个准主意。在这种情况下，谭碧辉只好自己想办法。最后她看中了袜子专卖店，并且将目标瞄准了那种能将脚趾头分隔开来的五趾袜。这种袜子有一个好处，就是将脚趾分隔，使人不容易沤脚，犯脚气。广东气候温暖潮湿，患脚气病的人很多，这是一种迎合市场需要的产品，却不够时尚，同时没有人肯下力气去推广，以致在偌大的珠海想找一双五趾袜简直比登天还难。谭碧辉就看准了这样一个机会。

谭碧辉的决定遭到了朋友们几乎一致的反对，他们的理由是：第一，从未听说过有什么袜子专营店；第二，像袜子这种薄利小商品，得卖多少双，才能将店钱赚回来？但是谭碧辉打定了主意，不为所动。她的店很快开张了，第一次就从浙江义乌进了1万双五趾袜，每双的进价在5~10元，这批货加上租赁店铺和装修的花费，不但用光了她所有的积蓄，还负了一部分外债。然而，一开始生意十分不景气，有些冷言冷语开始在谭碧辉耳边绕来绕去，什么"不听老人言，吃亏在眼前"之类，但谭碧辉坚持了下来。到第二个月，她就开始赢利，赢利虽然不多，只有区区1 500多元，然而却展现出了一个好兆头。此后的经营虽然仍旧不时会有些磕绊，但总体来说比较顺利。现在谭碧辉靠卖五趾袜，每个月可以稳定获得上万元的收入。对一个小本起家的创业者来说，这就是一笔了不得的收入了。不仅如此，现在谭碧辉的五趾袜已经进入了细节经营的阶段，有适应不同季节的袜子，质地、款式各有不同，深受消费者的欢迎。

谭碧辉这样的案例并非偶发，而是正在形成一种现象。《科学投资》曾经报道过杭州下岗工人余根川创办的花嫁喜铺，就是靠经营结婚专用的喜糖，凭着几千块起家，不但摆脱了自身的生存困境，而且打出了一个新的天地。据《科学投资》了解，目前余根川雇佣员工达100多人，下岗工人余根川经过几年的打拼，已经成为一个真正的老板。

操作要诀：

20多年前，人们的生活还十分简单，在吃穿住行方面，只要能够满足生理的基本需求就算不错，很少有人提出更高的要求。具体到穿，那时候全国人民无论地位高低，从头到脚款式就是"老三样"，颜色则以蓝、黑、灰几种深色调为主。那时候外国媒体提到中国人，总是以"蓝蚂蚁"相称。但时代发展到今天，情况已经发生了翻天覆地的变化。别的不说，光是女士头上顶的帽子，恐怕就不下几千上万种。过去一个商店，什么都经营，包罗万象，这种经营方式适合那个时代的业态，使消费者感觉方便。一站购齐是经营者的主要卖点，只要这样做就会有钱赚，也只有这样做才能赚到钱。而现在物质极大丰富，精致主义开始大行其道，消费者追求的是个性与品位，经营者要做的应对就是专营与分割。拿穿着来说，全，时尚的不再是从头到脚式的齐全，而是或头全（帽子），或身全（内衣、外衣、毛衣），或腰全（各式腰带），或手全（各种手套），或腿全（各式裤子），或脚全（袜子或鞋子），而无论是头、身、腰、还是手、腿、脚又都可以切割出无数的细节。无论你做哪一个细节，只要做得到位，就都会有钱赚，而且通常情况下，现在的这种"小"而全比过去的那种"大"而全要赚得更多。

这是适合小本创业和中小投资的一种变化，投资者要善于掌握，对此机会善加利用。可供"切割"的商业形态很多，如光是一个结婚，就可以细分到婚介、婚礼筹办、司仪、婚纱专营、结婚摄影、婚车租赁、宴席布置、喜糖采办等数十个细项，而每一个细项几乎都可以"切割"出来进行专营。过去讲究一条龙服务，为的是顾客方便、省事，现在讲究的却是专业化、个性化。每个人都希望将自己的婚礼办得与众不同，每个人都希望自己的穿着打扮与众不同，每个人都希望……人们希望自己与众不同的东西太多，"切割"可以形成众多的"组件"，可以供人们自由搭配，使一个人与另一个人"相同"的机会大大减少，迎合了人们追求个性化的需要。

此类操作需要注意的是，因为经"切割"后的商品会变得比较"小"，比较"单薄"，单个商品的附加值都不高，所以，第一，花色品种要全。谭碧辉店中的五趾袜有数百种，余根川经营的喜糖种类更是多达上千种。人们不会为了买一双袜子或半斤喜糖专门跑一趟你的商店，人们购买此类小商品大多是集中性购买和批量性购买，这就需要让消费者有选择的余地。第二，此类店大多属于小投资，小本经营。店铺较小，不易引起人们的注意，所以需要特别重视宣传。谭碧辉和余根川在经营过程中都想了很多办法对自己的商店进行宣传，才使经营很快从最初的困境中走出来。此类店因为独具特色，很容易引起新闻媒体的注意，可加以利用，必要时可主动与新闻媒体取得联系。第三，小商品的流行风尚瞬息万变，所以进货时要注意多品种、小批量，以免造成积压，使资金周转成为问题。第四，如果是"技术性"的切割，要体现技术的"含金量"。如北京呼家楼有一家专门安装门窗玻璃的公司，因为技术过硬，很多宾馆酒楼在安装门窗玻璃时都专门请他们过去，生意十分红火。虽然这家公司做的只是建筑安装和装修工程中极小的一个细分类别，赢利却比很多能干"全活"的公司要好得多。这种"切割"对技术有非常高的要求，能真正体现技术的"含金量"，如果你有这一方面的特长，不妨加以考虑。

案例反思：

（1）整理"化整为零"中出现的创业机会。

_____

_____

_____

_____。

（2）总结把握创业机会的技巧。

_____

_____

_____

_____。

> 要点提示

创业机会的五大来源

1. 问题

创业的根本目的是满足顾客需求,而顾客需求在没有满足前就是问题。寻找创业机会的一个重要途径是善于发现和体会自己和他人在需求方面的问题或生活中的难处。比如,上海有一位大学毕业生发现远在郊区的本校师生往返市区交通十分不便,创办了一家客运公司,这就是把问题转化为创业机会的成功案例。

2. 变化

创业的机会大都产生于不断变化的市场环境,环境变化了,市场需求、市场结构必然发生变化。著名管理大师彼得·德鲁客将创业者定义为那些能"寻找变化,并积极的反应,把它当作机会充分利用起来的人"。这种变化主要来自产业结构的变动、消费结构的升级、城市化的加速、人口思想观念的变化、政府政策的变化、人口结构的变化、居民收入水平的提高、全球化趋势等诸方面。例如,居民收入水平提高,私人轿车的拥有量将不断增加,这就会派生出汽车销售、修理、配件、清洁、装潢、二手车交易、陪驾等诸多创业机会。

3. 创造发明

创造发明提供了新产品、新服务,更好地满足顾客需求,同时也带来了创业机会。例如随着计算机的诞生,计算机维修、软件开发、计算机操作的培训、图文制作、信息服务、网上开店等创业机会随之而来,即使你不发明新的东西,你也能成为销售和推广新产品的人,从而为自己带来商机。

4. 竞争

如果你能弥补竞争对手的缺陷和不足,这也将成为你的创业机会。看看自己周围的公司,你能比他们更快、更可靠、更便宜地提供产品或服务吗?你能做得更好吗?若能,你也许就找到了机会。

5. 新知识、新技术的产生

例如,随着健康知识的普及和技术的进步,围绕"水"就带来了许多创业机会,上海就有不少创业者加盟"都市清泉"而走上了创业之路。

流程2 "就地打井"案例分析

阅读案例,回答问题。

【案例引入】

就地打井

乔治不是外国人,而是一个地道的中国人。

10年前,乔治还是南京街头的一个问题少年,喜欢跟人动拳头打架。长大以后的乔治决定干点正经事,他参加了厨师培训班,技术学得不错,但是快毕业时,他却发现自己对烹调没有什么兴趣。他感兴趣的是理发,现在叫美发。他发现当一个发型师是那么美妙的一件事情。所以，他放下勺子，拿起剪子，先在南京，后又到上海，苦练起了美发技术，并且很快就显露出过人的才华。

1996年，香港明星张敏在上海开了一家名叫露莎莲妮的高档发型屋，乔治正式出师，当上了露莎莲妮的一个技师，帮人洗发烫发染发，但是没几天老板就发现了他在发型设计上的天分，破格将他晋升为发型师，与从香港及国外聘请来的那些发型师平起平坐。后来乔治又辗转于杭州等地一些发屋做发型师，目的是磨炼自己的技术。时机成熟后，乔治开始了自己的创业生涯。因为缺乏资金，他无力租赁繁华的店面，只能在杭州一个偏僻的角落接下一家别人经营不下去的发型屋，改造后打出了自己的名头：乔治发型设计中心，时为2000年3月18日。

开始时因为地段不好，乔治的生意很不景气，但过了不久，就有很多过去乔治在别的发型屋做设计师时的忠实"Fans"跟踪而来，这样靠着一传十，十传百，不久大家就都知道杭州那个发型做得最好的"乔治"现在到了某某地方，自己开了一家发型设计中心，乔治很快就走出了困境。仅仅过了一年多，乔治的发型中心就变成了发型广场，面积达500多平方米，紧跟杭州那些财大气粗的美发巨无霸如新爱情故事、阿伟、东方名剪等，成为杭州美发市场的一个后起之秀。现在在乔治的发型广场剪头发，最低的只要25元，而最高的需要380元，很多文艺界的名人都接受过乔治的服务。

操作要诀：

对于创业者和投资者来说，有一句不得不记住的老话，叫作"不熟不做"。创业最简单的方法就是从自己熟悉或有专长的事情做起，一般可以起到事半功倍的效果，大大减少创业过程中的波折。这样的案例有很多，不必到报纸上、电视上去寻找，在我们身边俯拾即是。

为了提高成功的机会，减少失败概率，在动手之前，你必须考虑以下几个方面的问题：第一，冷静评估你所拥有的资源，包括你的社会关系、你的专业特长，并评估其所蕴含的商业价值，寻找你创业和投资的着力点。有时候有些人可能拥有很好的软硬件资源，却因为没有找好着力点，第一步就踏错了地方，导致创业过程跌宕起伏，经受了许多原本可以轻易避免的波折，甚至有人因此而一蹶不振。第二，资源可以建立，知识可以学习。如果经评估，你现在还不具备创业的必要资源和必要特长，那么，你可以先不忙于动手。你可以给自己宽容一段时间，为自己将来的创业组建资源，学习必要的技术和其他方面的知识，就像乔治所做的一样。乔治如果没有在以前为别人打工时积累的大量"Fans"，后来的创业很难说会是什么样子，至少绝对不可能那么快就取得成功。在这方面，技术是乔治拥有的硬资源，大量拥趸则是他拥有的软资源。前者是因，后者是果。到乔治自己动手开始创业时，前两者都变成了因，而成功则变成了果，这就是事物的逻辑。小本创业者大多底子薄，经不起太多折腾，在这方面一定要慎之又慎，不打无准备之仗。第三，不是任何资源包括专业知识、技术特长都有商业价值。创业者和投资者在评估自己所拥有的资源时要尽量避免"自我感觉"。很多创业者和中小投资者因为缺乏经验，容易凭"感觉"行事，有时候这样做确实有助于抓住机会，但多数时候这样做有害无益。如果你对自我评估没有信心，那么，你可以请你的朋友和家人一起来帮你进行评估。

案例反思:

(1) 乔治创业成功的原因是什么?
_____
_____
_____
_____。

(2) 他是如何发现创业机会的?
_____
_____
_____
_____。

(3) 总结案例,找出除此之外,你想到的其他创业机会。
_____
_____
_____
_____。

实训 10.2 识别创业机会

实训目标

(1) 学会发现创业机会的方法。
(2) 开发创业灵感。

实训流程

流程 1 创业机会的发现

(1) 观察大学校园有哪些变化,找出可以创业的机会。
_____
_____
_____。

(2) 调查大学生的需求特点。

_____
_____
_____。

(3) 找出大学生在"衣食住行"方面有哪些困扰。

_____
_____
_____。

(4) 分析收集来的资料,找到自己的创业机会。

_____
_____
_____
_____。

要点提示

创业机会的发现

投资创业要善于抓住好的机会,把握住了每个稍纵即逝的投资创业机会,就等于成功了一半。发现创业机会的方法,具体表现在以下几个方面。

1. 变化就是机会

环境的变化会给各行各业带来良机,人们透过这些变化,就会发现新的前景。变化可以包括:产业结构的变化;科技进步;通信革新;政府放松管制;经济信息化、服务化;价值观与生活形态变化;人口结构变化。

2. 从"低科技"中把握机会

随着科技的发展,开发高科技领域是时下热门的课题,但公司机会并不只属于高科技领域。在运输、金融、保健、饮食、流通这些低科技领域也有机会,关键在于开发。

3. 集中盯住某些顾客的需要就会有机会

机会不能从全部顾客身上去找,因为共同需要容易认识,基本上已很难再找到突破口。而实际上每个人的需求都是有差异的,如果我们时常关注某些人的日常生活和工作,就会从中发现某些机会。因此,在寻找机会时,应习惯将顾客分类,认真研究各类人员的需求特点,机会自见。

4. 追求"负面"就会找到机会

追求"负面",就是着眼于那些大家"苦恼的事"和"困扰的事"。因为是苦恼、是困扰,人们总是迫切希望解决,如果能提供解决的办法,实际上就是找到了机会。

流程 2　搜索创业灵感

通过以下途径搜索创业灵感。

（1）研究国家宏观经济政策，掌握行业发展态势，找出蕴含其中的创业机会。

_____
_____
_____

（2）在居住区域及创业理想地进行市场调查，发现可能的创业机会。

_____
_____
_____

（3）根据一些产品或服务的负面反馈，找出衍生创意。

_____
_____
_____

（4）留意消费趋势，从中寻找创业灵感。

_____
_____
_____

（5）利用头脑风暴法，从自己感兴趣的行业出发，开发创业灵感。

_____
_____
_____

要点提示

创业点子的五大来源

1. 想要解答在生活中遇到的痛点

目前为止，接受调查的人当中最常提到的想法来源，就是创业者在个人生活中，所经历到的某一项挫折或是让人沮丧的事物。你是否想过，自己的疑问可能会值多少钱吗？你可以去问肯特·普兰克特（Kent Plunkett），他之所以会创办 Salary.com，就是因为当他要雇用一位秘书时，发现自己不确定要付多少薪水。在建立了全世界最大的薪酬数据库之后，他的公司于 2007 年上市，市值高达 1.75 亿美元。

2. 遇到有才华的人，然后一起创业

如果你想要创办一家公司，那就好好地观察身边的人，尤其是你工作的场所或学校。一些人曾警告，与商学院的朋友一起创业并不是一个好策略，但数据却显示了不同的结果。从2003年起就创立、私募投资或公开上市市值超过10亿美元的39家企业当中，几乎一半都是由在学校里就结识的创始人所创立的。想法接近的人能够近距离的相处，似乎是让新点子出现的关键催化剂。Spinback 的共同创办人科里·卡帕索（Corey Capasso）、安德鲁·佛瑞纳西（Andrew Fereneci）、丹·瑞希（Dan Reich）先是在威斯康星大学认识，多年之后才一同创办这家公司，Buddy Media 在2011年将其收购。

3. 天赋异禀或斗志昂扬，然后投身事业

花一个小时，写下来自己拥有的技能及热情，你可能就会发现自己的下一个创业好点子。属于这个类别的创业者，都非常了解自己，并寻找创新的方法将工作经验和爱好转变为成熟的企业。亚历克莎·冯·托贝尔（Alexa von Tobel）把自己帮助"千禧世代"（Millennials）的热情，与阐明复杂的金融问题的技能结合起来，创办了网络财务规划公司 LearnVest，并且募资超过4 000美元。

4. 在一个行业工作很久，因此发现顾客需求

还认为自己在公司里任劳任怨，最后除了一份不够用的退休金，就别无所获吗？如果你运用自己的经验，好好地思考顾客的哪些需求未被满足，你就有可能踏上致富之路。属于这个类别的创业者，在创办跟某个产业有直接关系的公司之前，已经在该行业或相关行业内工作了很多年。在成立创新的网络个人保险搜寻公司 KnowItowl 之前，弗朗索瓦·德拉梅（Francois de Lame）与珍妮弗·菲茨杰拉德（Jennifer Fitzgerald）都在个人保险行业里累积了大量的经验和知识。

5. 研究许多创业想法，最后精简成一个

精明的人充分运用诸如 Quora 和 Hacker News 等新的信息来源，进行"从上而下"的研究，并且使用一种以数据驱动的消除法，最后得到一个商业点子。许多人也非常善于追踪有效的商业模式和企业，抱有能够找到突破性成功并将其运用到新市场的目标。Diapers.com 的创办人金柏尔·汤玛斯（Kimball Thomas）和戴维斯·史密斯（Davis Smith）看到了把公司营运模式带到巴西市场的价值。他们最新的目标是再过几年之后，公司营业额能够达到10亿美元。

流程3　使用温斯丁豪斯法比较创业机会的优先级

（1）阅读温斯丁豪斯理论知识，掌握计算公式。

$$\frac{技术成功率 \times 商业成功率 \times (价格-成本) \times 投资生命周期收入}{总成本} = 机会优先级$$

（2）分步骤计算和比较各个创业机会的优先级，填入表10-1中（创业机会请根据流程1和流程2进行总结）。

表 10-1　创业机会优先级

创业机会	技术成功率	商业成功率	价格	成本	投资生命周期投入	总成本	机会优先级
1							
2							
3							

流程 4　使用贝蒂选择因素法计算创业成功潜力

（1）阅读贝蒂选择因素法的相关知识。

（2）对表 10-2 中的 11 个项目进行判断，符合条件的打√，符合条件少于 6 个，创业成功潜力小，相反则有更多的成功潜力。

表 10-2　成功潜力评价表

选择因素	是/否		
	创业机会 1	创业机会 2	创业机会 3
（1）创业机会现阶段是否只有你一人发现？			
（2）初始的产品生产成本是否可以承受？			
（3）初始的市场开发成本是否可以承受？			
（4）产品是否具有高利润回报的潜力？			
（5）是否可以预估产品投放市场和达到盈亏平衡点的时间？			
（6）潜在的市场是否巨大？			
（7）你的产品是否是高速成长的产品家族中的第一个成员？			
（8）你是否拥有一些现成的初始用户？			
（9）是否可以预期产品的开发成本和开发周期？			
（10）是否处于一个成长中的行业？			
（11）金融界是否能理解你的产品和顾客对它的需求？			
合计			

实训 10.3　整合创业资源

实训目标

（1）了解创业资源的重要性。
（2）盘点自己的人脉资源。

实训流程

流程 1　盘点内部资源

整理自己的内部资源并填入表 10-3 中。

表 10-3　内部资源

分类	具体描述
资本	
房产	
交通工具	
技术专长	
信用	
商业经验	
家族资源	

要点提示

创业资源的管理

企业的创业资源主要有资金、人才、时间、市场等，而其管理包括这些资源的获取、分配和组织等方面的内容。

1. 资金管理

因为创业在内部发生，一般新业务由旧业务的收入来支撑，所以资金来源显得有保障。在这种资金获取办法下，新业务本身不但没有收益，反而必须投入大量的资金而导致"新业务招损"，因此，可能打击从事旧业务的员工的积极性，对企业发展不利，特别是当企业从专业化向多元化转变时更是如此。解决这个问题的办法有：对新项目使用种子资助资金，采取内部风险投资的方式，或其他有偿使用资金的办法。

2. 人才分配

企业创业的另一个问题是人才支持。当项目处于种子阶段时，主要由少数几个人在运作和管理，一旦进入了孵育发展阶段，就必须有得力的人才来进行规划管理，因此，这里也存在一个新旧项目争夺人才的问题。为了使新旧项目的发展不受人才问题的影响，企业必须注意在发展过程中培养新的人才，稀释各部门的人才密度，给人才施加压力。

3. 工作时间分配

企业创业的一个大问题是创业者的工作时间和精力难有保障。一般来说，企业内部的创业者既要完成当前的工作，又要进行开发工作，因此，工作时间分配经常顾此失彼。

为了保障员工有充足的时间来孵化创新性的想法，组织应该从制度上给他们以保证，同时调整他们的工作负担，避免对员工各方面施加过多的时间压力，允许他们长时间解决创新问题。如柯达公司的创业者可以将20%的工作时间用于完善创业设想；如果设想可行，创业者可以离开原岗位。

4. 企业创业的营销资源管理，主要是指营销资源的分配和新市场的开拓

企业创业是一种以市场为导向的活动，市场对新产品的接受程度直接关系到创业成败，但开始时，新产品在市场中几乎不为人所知，因此，企业必须集中销售资源，致力于新产品的市场开拓。这里也存在新旧项目营销资源竞争的问题。为了解决这个问题，企业必须加大营销投入。

流程 2　人脉资源测试

你的人脉是什么形状？

人脉也有形状之分？试试就知道，以下有 12 个小题，请根据你的实际情况，以"这就是我""有时如此"或"不太像我"来分别作答。

（1）我认为自己是个开朗外向，且善于应酬交际的人。
（2）去外地出差时，我总会拜访一下在各地的朋友、同学或是合作伙伴。
（3）在我的聊天工具中，很多人我原本不认识，现在却成了可以说心里话的朋友。
（4）一些工作中遇到的客户或是合作伙伴，最后都能和我成为很好的朋友。
（5）在聚会上，大多数时候我一定是说故事的人，而非仅仅只是坐在一旁的参与者。
（6）我的朋友不少，除了这两年交集比较多的，很早以前的朋友我们也经常联系。
（7）我经常去参加爱人的朋友或是同事聚会，当然他们也都很喜欢我。
（8）我很少拒绝别人的邀请，历来都是有什么热闹就凑什么热闹的。
（9）聚会上，即便我只是个过客，也会尽量和大家认识，而不会觉得不自在。
（10）我是个感性而且对谁都非常真诚的人，即便是说假话，也是用心说的。
（11）我感觉自己和谁都能相处得来，而且我的朋友们来自天南海北，哪儿的人都有。
（12）我总是会主动向那些有段时间没联系的朋友嘘寒问暖。

【计分方法】

以上12个小题中，回答"这就是我"积3分；回答"有时如此"积2分；"不太像我"积1分。

【结果解释】

12~17分：人脉类型——点状。你要么是那种非常自我的类型，要么就是稍微有点放不开自我的人。处在点状的人脉中，你的人际关系世界略显狭小。这可能和你本身的性格气质有关，或许骨子里你就不是一个非常有意愿和他人主动建立联系的人。当然，这也意味着你可利用的人脉资源不多，大多数时候都只能是一个人在战斗。

18~23分：人脉类型——线状。在人脉的结交上，你非常有原则地把持着线状的经营方式。你不愿意将私交和工作关系混为一谈，和他人的互动更是如直线一般直截了当。因而大多数时候，在外你都表现得很官方，而对内则很少会谈及工作中的人或事。不过说到底，人其实都很难把握好公私的界限，所以线性的人际交往方式往往会令他人感到疏远甚至是冷漠，从而忽视了人与人之间的深层互动。

24~30分：人脉类型——圈状。你给自己的周围划了一个圆圈，这就是你的人际交往模式。进到圈里的人意味着被你所接受、信任，或是功利一点说，当下对你有用处。在你看来，朋友圈就是你现在的生活圈、工作圈和学习圈，哪怕是自己稍稍受点儿委屈，你也会尽量经营好圈里的人际关系。至于圈外嘛，只要没有招惹到你，管他呢！

31~36分：人脉类型——网状。对于人脉的经营，你属于典型的"蜘蛛"侠。不仅注重所有出现在你身边的人的位置，而且还擅长将这些零散的人际关系有效整合集结起来，为你所用。正像你所主张的，老天安排任何出现在我们周围的人，必定有他（她）能为我所用的地方。所以，只要把网织好，关系经营好，接着就是坐等时机了。

流程3 "大学生如何积累人脉"案例分析

阅读案例，回答问题。

【案例引入】

大学生如何积累人脉

俞敏洪先生曾经说过："想要知道你今天究竟值多少钱，找出你身边最要好的3个朋友，他们收入的平均值就是你应该获得的收入。"而在前程无忧论坛上曾有网友针对个人交际圈和个人收入的关系问题进行调查，结果显示有47.82%的网友认为收入和交际圈成正比。处于你的个人交际圈当中的每一个人，都有可能变成你的人脉，在职场中奋斗，没有人会否定人脉的重要性。

我们经常听到"人脉通钱脉"的说法，无疑积累人脉也是积累财富的一种途径。

常言道："20岁拼体力，30岁拼专业，40岁拼人脉"，大学生虽处于"拼体力"的阶段，但是也不能忽视人脉的重要性，毕竟40岁时的人脉也是年轻时一步一步积累而来的。现如今大学生就业压力大，能在读书期间多交朋友，拓展人脉关系，或许毕业求职时也能多条门路。

1. 积累人脉从踏入大学校园开始

不要觉得积累人脉是踏入社会后的事，也不要觉得只有踏入职场才能收获有利于个人职业发展的人脉关系,从踏入大学的那一刻起,大学生们就需要建立起积累人脉的意识。在生活中处处留心,你的同学、老师,甚至同在一个自习室的陌生人都可以变成你工作后的宝贵人脉。

(1) 老师、同学是最易被忽视的人脉资源。在校园里,大学生接触最多的莫过于老师、同学,这些资源是大学生唾手可得的,但也是最容易被忽视的。

大学老师传道、授业、解惑的领域不止停留在专业理论上,学生有关于假期实习、毕业求职的问题也可以寻求老师的帮助,因为老师的同学、朋友可能就职于一家大型外企,也可能就是某家企业的老总。尤其值得学生关注的是那些学校中的老教授们,他们阅历丰富、桃李满天下,如果能得到他们的帮助,那实习、求职就省力多了。想要把老师变成自己职业发展道路上的贵人,除了在课堂上和老师做好互动、让他对自己有印象外,课后也需要抽出一些时间多和老师交流。

另外,在校园中大学生也不要忘记维护好同学之间的关系。每个人都拥有自己的交际圈,同学的人脉关系也许不能被你直接利用,但毕竟大家都是同窗,平日里多聊聊天、联络一下感情,让同学间的关系更近一点,在你遇到麻烦的时候,他们才可能愿意动用一下自己的人脉,帮你解围。

(2) 学长、校友是实习、求职时最有利的导师。相较于老师、同学,学长、校友或许更能帮助到你找到实习机会,在求职道路上给你更多实用的建议,因为他们正在经历着求职的过程或者正在你期待的工作岗位上打拼。听听他们的经验,有助于在自己实习、求职时有的放矢。那些已经参加工作的学长、校友也许可以直接给你提供实习机会,或者给你做内部推荐。

在校园里,认识学长、校友的最好机会就是多参加一些社团活动。虽然有很多同学会对学生会嗤之以鼻,会觉得参与校园社团没有实质意义,但不可否认那里是积累人脉的好地方。另外,在学校的BBS上,在一些社交网站上,你都可以找到自己的学长、校友,当然,也可以通过老师介绍认识一些学长。

2. 在实习工作中积累人脉

在实习的过程中,大学生加入了新的交际圈,职场应该是你拓展人脉的一块处女地。无论是公司内部的同事还是公司外部的客户都可以被发展成你的人脉,成为你职业发展道路上的合作伙伴。

(1) 对工作积极主动,给领导和同事留下好印象。只有给团队中的人留下了良好的印象,才可能进一步地将他们变成自己的人脉资源,在工作中他们才会愿意与你合作,给你帮助。要想给别人留下良好的印象,大学生需要让自己职场化,比如大学生需要彻底改变那种对老师的依赖心理,工作上要多开动脑筋,凡事经过思考以后如果不能解决再求助于老员工或领导,让他们看到你对工作的积极性和主动性。另外,大学生也需要主动与老员工交流,如和老员工一起吃饭、和老员工聊天等,可以和他们谈工作,把自己在工作中遇到的困难和对工作的一些想法、建议说出来,这些都会让别人觉得你是一个乐于沟通且善于思考的人。

(2) 敢于"搭讪",认识其他部门的陌生同事。在你刚进公司办理实习手续的时候会和人事部的同事打交道,领办公设备的时候会和IT部门的同事打交道,不要忘记问一下他们的姓名，方便你在实习过程中遇到相关的问题时能轻松地找到相应的负责人。

如果公司举行一些部门联谊活动或者团队出游，且允许实习生参加，一定不要拒绝这样的机会。作为实习生，你接触最多的还是团队里的同事，而且平日里大家都忙于工作，这样的团队娱乐活动正是你和同事联络感情的好机会，也是你认识陌生同事的绝佳场所。平时可以和保洁阿姨拉拉家常，向门卫保安问声"早上好"，指不定哪一天他们会在紧要关头帮你一把。勇于和陌生人说话，积累人脉从第一次"搭讪"开始。

除了公司内部同事，如果你在公司里的导师愿意带你去见客户，或者让你独自到客户那里送一些文件，请珍惜这样的机会，并留心你所接触的人，谁能保证他们在将来的某一天不会变成你的客户呢？

案例反思：

（1）通过阅读案例，列出大学生积累人脉的途径。

_____
_____。

（2）关于大学生人脉积累的途径，说出自己的想法与建议。

_____
_____。

要点提示

经营人脉的四大原则

积累人脉并不是"我知道你的名字并记下你的手机号，然后你就成为我的人脉"，这些只是积累人脉的开端。想要收获良好的人脉关系，你还必须要懂得如何经营人脉。

1. 提升个人魅力，展示个人价值

下棋时如果遇到高手，即使你技不如人也能在失败中学到很多，进步很快；如果遇到比自己水平低的对手，即使赢了，也无益于棋艺的进步。因此，每个人都想跟高手一较高低，更希望自己能够成为一流的高手。同样，在职场的大环境中，如果你表现得足够优秀，无疑是吸引人脉的直接因素。因为每个人都喜欢与优秀的人交往，而优秀的人对于他人而言更有"利用"价值。虽然这样说会显得很露骨，但是事实如此，冷静地问问自己："你对别人有用吗？你无法被人利用，就说明你不具有价值，你越有用就越容易建立坚强的人脉关系。"对于大学生而言，如果你觉得自己是千里马，那就在老板、同事前面跑出个一千里给他们看看，即使没有跑千里的机会，也需要证实一下，你具备这个潜质。如果你总表现得碌碌无为，即使短期内别人愿意和你联系，久而久之，这种关系也会疏远。因为人脉关系的维持很多时候需要关系双方能够做到互惠互利，你不可能只做索取的那一方。

2. 与人为善，尽量为别人提供方便

人在江湖，防人之心不可无，尤其是身处职场，但这些都不能是你拒绝帮助别人的借

口。在工作中，你需要尽量给同事提供方便，积极主动地表示愿意和他们交往。凡事不要斤斤计较，在你收获人脉资源、动用人脉关系以前，要努力地对周围的同事、朋友付出，因为只有你懂得为别人提供价值，别人才愿意联系你，否则没人会乐意与你交往。

3. 恪守自己的做人准则，不要给你的朋友、同事造成伤害

恪守做人准则，看似简单，事实上并不是一件容易的事。在生活中，我们难免会受到环境的影响而随波逐流。有些时候，因为某些原因你可能需要做一些伤害到你同事、朋友利益的事情。遇到这种情况，你千万要注意：一旦你做了，可能就永远失去了他们，永远被他们定在了"不可交"的名单上。有人会理解你"人在江湖，身不由己"，但没有人会原谅你对他们的伤害。所以，记住自己的做人准则，没有必要为了短期的利益去伤害你的朋友、同事。

4. 不要对你的"敌人"睚眦必报，即使他伤害了你

很多时候我们会忍不住对伤害过我们的"敌人"以牙还牙并心安理得，比如，如果他使用很卑劣的手段对付你，你就使用更卑劣的方式来制约他，似乎这样是无可厚非的。但对于你们身边的"观众"来说，你和他其实没什么区别，都是一样卑劣，甚至"物以类聚，人以群分"的思想还会让身边的人觉得你和他是同一类人。所以，在职场中你需要尽量地大度，把自己的名字当成"百年品牌"来经营，因为无论是曾经的同事、领导还是客户，抑或是保洁阿姨、门卫保安，他们都有可能会变成你的资源和人脉。

与人相处是一件很复杂的事情，积累人脉作为人际交往的一个部分，没有什么金科玉律可循，即使我们总结出了一些方法和原则，面对不同的交往对象，也需要灵活运用。总之，我们在生活中可以接触到的人都可能是潜在的人脉资源，不要轻忽任何一个人，也不要疏忽任何一个可以助人的机会，要学习对每一个人都热情相待，学习把每一件事都做到完善，学习对每一个机会都充满感激。

项目 11

创业融资

创业融资就是创业者为了将某种创意转化为商业现实,根据未来新创企业经营策略与发展需要,经过科学的预测和决策,通过不同渠道、采用不同方式向风险投资者或债权人筹集资本。创业者应该根据新创企业在成立前后的情况,合理确定资本结构及资本需求数量。创业融资解决的都是创业者在企业成立前后最需解决的问题,在融资之前应做细致的规划,至少首先要明确融资产生的原因和内容。一直以来,大学生创业都是解决就业难题的最佳途径之一,然而,创业资金的筹集无疑是阻碍大学生创业成功的一大难题。创业融资的风险是大学生在创业初期不得不慎重考虑的问题。

项目实训

实训 11.1 创业融资大盘点

(1) 了解融资渠道。
(2) 掌握融资方法。

实训流程

流程1 "大学生创业融资的主要渠道和方式"案例分析

阅读案例,回答问题。

【案例引入】

大学生创业融资的主要渠道和方式

1. 大学生创业融资的主要渠道

创业融资的主要渠道包括自我融资、亲朋好友融资、天使投资、商业银行贷款、融资租赁、风险投资和政府创业扶持基金融资等。其中,自我融资、亲朋好友融资、天使投资属于私人资本融资渠道;商业银行贷款、融资租赁、风险投资、政府提供扶持资金等属于机构融资渠道。

(1) 自我融资。虽然创业是具有高风险的经济活动,但是创业者应将自有资金的大部分投入企业创办中。一方面,从新创企业的经营控制或资金成本角度来说,自有资金所占的比例非常重要,关系着创业者对企业的经营控制权限;另一方面,在引入外部资金尤其是银行贷款、私人投资者及风险投资家的资金的时候,通常需要拥有个人资本。

创业者投入自有资金,对个人而言,个人才能和资金在创业活动中可以充分发挥其作用,企业创办成功后,可以掌握更多的股份;对其他投资者而言,创业者充分展示对自身企业的信心,是全心全意的实干家,创业者会谨慎使用每一笔资金,增加投资者对创业者的信任感,增加投资者对其创业企业投资的可能性。

自我融资虽然是融资的一种渠道,但它不是根本性的解决方案,在创业企业发展的不同阶段,需要不同的融资渠道。

(2) 亲朋好友融资。新创企业早期需要的资金量少且具有高度的不确定性,对银行等金融机构缺乏吸引力,这使得亲朋好友融资成为创业者此时可选的主要融资渠道之一。家庭或朋友除直接提供资金外,更多的是为贷款提供担保,家庭或朋友的特殊关系使得这一融资渠道有效克服了信息不对称问题。但家庭或朋友这一裙带关系的存在,使得这一融资渠道很容易发生纠纷。因此,应将家庭或朋友提供的资金与其他投资者提供的资金同等对待。

(3) 天使投资。天使投资起源于纽约百老汇,是自由投资者或非正式机构对有创意的创业项目或小型初创企业进行的一次性前期投资,是一种非组织化的创业投资渠道。天使投资直接向企业进行权益投资,不仅提供现金,还提供专业知识和社会资源方面的支持。天使投资程序简单,短时期内资金就可到位。

天使投资虽是风险投资的一种,但两者有较大差别。其一,天使投资是一种非组织化的创业投资形式,其资金来源大多是民间资本,而非专业的风险投资商;其二,天使投资的门槛较低,有时即便是一个创业构思,只要有发展潜力,就能获得资金,而风险投资一般对这些尚未诞生或嗷嗷待哺的"婴儿"兴趣不大。对刚刚起步的创业者来说,既吃不上银行贷款的"大米饭",又沾不了风险投资"维生素"的光,在这种情况下,只能靠天使投资的

"婴儿奶粉"来吸收营养并茁壮成长。

(4) 商业银行贷款。银行贷款对创业者来说往往是首选的外源融资渠道。目前，银行贷款主要有以下四种：一是抵押贷款，这是一种向银行提供一定的财产作为贷款的保证的贷款方式。二是信用贷款，指银行仅凭对借款人资信的信任而发放的贷款，借款人无须向银行提供抵押物。三是担保贷款，指以担保人的信用为担保而发放的贷款。这其中，政府对创业者融资有一项专门的政策，即小额担保贷款，扶持范围包括城镇登记失业人员、大中专毕业生、军队退役人员、军人家属、残疾人、低保人员、外出务工返乡创业人员。对符合条件的人员，每人最高贷款额度为5万元，对微利项目增加的利息由中央财政全额负担。大学生和科技人员在高新技术领域实现自主创业的，每人最高贷款额度为10万元。四是贴现贷款，指借款人在急需资金时，以未到期的票据向银行申请贴现而融通资金的贷款。

(5) 融资租赁。融资租赁是企业根据自身设备投资的需要向租赁公司提出设备租赁的请求，租赁公司出资购置相应的设备，并交付承租企业应用的信用业务。在租赁期内承租人按期支付租金，租赁物所有权归出租人（租赁公司），应用权归承租人，租赁期满承租人可选择留购租赁资产。这种方法是通过融物来达到融资的目的，具有的优点是不占用创业企业的银行信用额度，创业者支付第一笔租金后就可以应用设备，而不需在购置设备上大批投资，这样资金就可以调往最急需用钱的处所；缺点是资金成本较高，其租金比举债利息高，企业的财务负担重等。

选择融资租赁方法融资，可以使大学生创业者在没有足够资金，或者通过其他方法筹集不到资金的情况下，能完成必要的固定资产投资。但在选择租赁公司时要挑那些实力强、资信度高的公司，且租赁情势越机动越好。

(6) 风险投资。风险投资起源于15世纪的英国、葡萄牙和西班牙。它是一种股权投资，其运作方式是由职业金融家群体募集社会资金，形成风险创业投资基金，再由专家管理投入新兴的、迅速发展的、有巨大竞争潜力的风险企业中。

由投资专家管理、投向年轻但有广阔发展前景并处于快速成长中的企业的资本被称为风险资金或风险基金，而风险投资基金的管理者，即风险投资的直接参与者和实际操作者被称为风险投资机构，他们直接承受风险并分享收益。风险投资是一项没有担保的投资，高风险与高收益并存，一般投资周期较长，为3~7年。风险投资是投资与管理的结合，是金融与科技的结合，主要投向科技型中小企业。

(7) 政府创业扶持基金。在国家提出建设创新型社会的经济发展理念的引导下，我国已出台若干政策鼓励创业，设立了科技型中小企业技术创新基金。各地设立了若干"孵化器"，提供融资。各地政府也根据地方经济发展特点和需要相继出台了各种各样的政府创业扶持基金政策，其内容多变，形式多样，包含了从税收优惠到资金扶持、从特殊立项到特殊人群的各种创业基金。例如，近年来为解决大学生就业难这一问题、鼓励大学生自主创业，设立了大学生创业基金，为有创业梦想但缺乏资金的大学生提供启动资金，以最低的融资成本满足大学生创业者的最大资金需求。

当前，大学生创业基金已成为圆梦创业的助跑器，为切实解决大学生创业资金问题起到了重要作用。而为了解决下岗职工自主创业资金难的问题，通过建立创业示范基地实施一系列优惠政策,有效扶持了下岗职工的自主创业。深圳特区则采取了贷款贴息、无偿资助、资本金(股本金)投入等方式向科技创新企业提供资金,推动企业创新,加速企业创业发展的步伐。政府扶持基金这一融资渠道表现出了融资成本较低的显著特点。

2. 大学生创业融资的主要方式

融资方式可分为股权融资和债权融资、内源式(内部)融资和外源式(外部)融资、直接融资和间接融资、长期融资和短期融资等类型。

股权融资也称权益融资,即创业者用未来企业的部分股权换取创业融资,股权投资者成为企业的部分所有者,即股东。债权融资对于创业者来说主要是商业信贷,即通过向商业银行贷款获得资金,而银行对贷出的款项要求必须按期还本付息。一般来说,无论是新创立公司还是已建公司,如果创业者不想过度分散自己的股权但又想获得充足的运营资金,则企业不仅要采取股权融资,还要采取债权融资的方式。

内源式(内部)融资主要指创业者自己通过原始积累或家庭、亲朋好友支持取得的资金,一般无须花费融资费用;外源式(外部)融资是通过向外部债权融资或某种形式的股权融资来获得,要付出融资费用。

直接融资是指创业者不经过银行等金融机构,而直接与资本供应者协商借贷或直接发行股票、债券等筹集资本的活动,直接实现资本的转移;间接融资则指创业者借助银行等金融机构而进行的融资方式,银行等金融机构发挥金融中介作用预先聚集资本,再提供给资本需求企业。

长期融资通常指使用期限在1年以上的融资,一般包括各种股权资本和长期借款、应付账款和应付债券等债权融资;短期融资通常指使用期限在1年以内的融资,一般包括短期借款、应付账款和应付票据等项目。

创业者首先应当详细制订融资方案,以对企业创办和正常运行所需资金有统筹的、较为长远的考虑。为此,应当综合考虑各种融资类型的可得性、与企业的适度性及其成本影响因素,具体包括:迄今为止的企业成果和业绩;投资者能感到的风险;行业和技术;企业的发展潜力和预期退出的时间;企业预期成长速度;企业年龄和发展阶段;投资者要求的回报率或内部回报率;需要的资金量和企业原先的估计;创业人在企业成长、控制、清算和收获方面的目标;投资者要求的条件和承诺。

当然,其他许多因素特别是投资者或贷款人对商机优劣和管理团队素质的看法,也将对投资或贷款的决策产生影响。许多有经验的投资家都会将最终的评估焦点放在创业者和经营团队身上,他们认为,经营环境和市场的变化是不可预知的,也是无法控制的,唯有经营者的事业心与意志力才能克服这些困难与挑战,确保投资事业的成功。因此,他们往往选择具有创业精神与专业能力的经营团队作为主要投资对象。

案例反思:

(1)除了上述七种常见创业融资渠道,创业企业还可以利用哪些融资渠道进行融资?

（2）大学生创业融资的主要方式有哪些？讨论这些融资方式的利与弊。

_____

_____。

流程 2　内源融资

（1）个人资金盘点，做出一份收入及存储明细表，查看自己有多少创业资金。

_____

_____。

（2）亲友资金盘点，制订融资计划，查看自己实际可筹借到多少创业资金。

_____

_____。

（3）分析两种融资方法的利弊，自己要承担的风险。

_____

_____。

要点提示

内源融资：亲情融资

　　刚毕业的大学生涉世不深，缺乏经验和人际关系网络，而且创业的首笔资金数额一般不会很大，所以向亲友借钱是个人筹集创业启动资金最常见、最简单、最有效的方式。这种融资方式因由情意牵线，所以对于筹资者来说基本不存在中途撤资的风险，而且一般都是一次性支付。其突出的优点在于一般没有利息支出或为低利息支出，筹资成本很低，同时也不需要信用记录或抵押。

　　尽管从亲友那里获得资金较为容易，但也有其缺陷。创业者应全面考虑投资的正负面影响，以公事公办的态度对通过亲情融资取得的资金细节进行整理，并最后形成一份正规的协议。如果创业出现问题，无法按时还款，可能会伤及双方感情，以后再借很难。所以，选择这种融资方法的创业者，在筹资时应向亲友说明创业计划的可行性与预期收益及潜在风险，争取让其明白投资的用途。

流程 3　申请大学生创业基金的流程

申请大学生创业基金的步骤如下。

1. 准备资料

①《普通高校毕业生自主创业申请审批表》；②毕业证原件及复印件；③本人身份证原件及复印件；④报到证；⑤一英寸照片两张；⑥本人档案需移交到人社局毕业办。

2. 申请条件

（1）大学生创业贷款申请者年满18周岁，具有合法有效身份证明和贷款行所在地合法居住证明，有固定的住所或营业场所。

（2）大学生创业贷款申请者持有工商行政管理机关核发的营业执照及相关行业的经营许可证，从事正当的生产经营活动，有稳定的收入和还本付息的能力。

（3）大学生创业贷款申请者投资项目已有一定的自有资金。

（4）大学生创业贷款用途符合国家有关法律和银行信贷政策规定，不允许用于股本权益性投资。

（5）在银行开立结算账户，营业收入经过银行结算。

3. 申请步骤

第一步：申请。毕业生持各类材料，到市人社局申请。

第二步：初审。由市人社局负责小额贷款贷前审核，对毕业生是否符合贷款条件及贷款申请项目是否属于小额贷款财政贴息微利项目进行审核并出具推荐表，同时，对申请小额担保贷款的毕业生进行创业能力评估。

第三步：复审。由区县（市）人社局复审，报送到本区县（市）担保机构审核。

第四步：担保。担保机构对贷款申请人的担保申请及所提供的反担保措施进行审核。

第五步：审批。由经办银行联合区县（市）人社局和担保机构，共同对贷款项目进行评审，负责对贷款申请进行最后的审定。经审定同意贷款的，由经办银行与担保机构签订担保合同，同时与贷款申请人签订贷款合同。

第六步：放贷。高校毕业生（含大学专科、大学本科、研究生）从事个体经营的，自批准经营日起，1年内免交个体户登记注册费、个体户管理费、经济合同示范文本工本费等。此外，如果成立非正规企业，只需到所在区县街道进行登记，即可免税3年。

4. 准备材料

根据以上内容，准备材料申请大学生创业资金。

_____。

流程4 寻找风险投资

详读要点提示，成立风险投资小组，制订自己的融资计划，向风险投资小组展示，看自己可从他们手中融到多少资金。

 要点提示

获得风险投资的方法

1. 了解风险投资者的所思所想

任何一家投资公司都不会选择那些不具备成功条件的企业进行投资。通常，企业成功的条件有以下五点。

（1）有较高素质的风险企业家。企业家必须有献身精神、有决策能力、有信心、有勇气、思路清晰、待人诚恳、有出色的领导水平，并能激励下属为同一目标而努力工作。

（2）有既有远见又符合实际的企业经营计划。这个计划要阐明创办企业的价值，明确企业的发展目标和发展趋势，明确企业的市场和顾客，明确企业的优势和劣势，同时指明创

办或发展企业缺少的资金。

（3）有市场需求或有潜在市场需求的新技术、新产品，有需求就会有顾客；有顾客就会有市场；有市场就会有企业生存发展的空间。

（4）有经营管理的经验和能力，有技术和营销人员配备均衡的管理队伍，有能高效运转的组织机构。

（5）有资金支持。任何没有资金支持的企业都只能是空想。

风险投资者特别偏爱那些在高技术领域具有领先优势的公司，如软件、药品、通信技术领域。如果风险企业家有一项受保护的先进技术或产品，那么其企业就会引起风险投资公司更大的兴趣。这是因为高技术行业本身就有很高的利润，而领先的或受保护的高技术产品服务更可以使风险企业很容易地进入市场，并在激烈的市场竞争中立于不败之地。因此，这些企业常常可以筹集到足够的资金以渡过难关。

仅仅依靠新思想或新技术是不能形成一个风险企业的。事实上，只有极少数的项目在资金投入前就已经有了实际的收入，即具备了初步经营条件。风险投资公司并不会单给一项技术或产品投资。风险投资家资助的是那些"亚企业"，即只有那些已经组成了管理队伍，完成了商业调研和市场调研的风险企业才可能获得投资。因此，要想获得风险投资还应考虑以下因素。

①区域因素：一般的风险投资公司都有一定的投资区域，这里的区域有两个含义：一是指技术区域，风险投资公司通常只对自己所熟悉行业的企业或自己了解的技术领域的企业进行投资。二是指地理区域，风险投资公司所资助的企业大多分布在公司所在地的附近地区。这主要是为了便于沟通和控制，一般情况下，投资人自己并不参与所投资企业的实际管理工作，他们更像指导者，不断地为企业提供战略指导和经营建议。

②小公司：大多数风险投资者更偏爱小公司，这对于那些大学生创业的项目是好消息。首先是因为小公司技术创新效率高，有更多的活力，更能适应市场的变化。其次，小公司的规模小，需要的资金量也小，风险投资公司所冒风险也就有限。从另一方面讲，小公司的规模小，其发展的余地也更大，因而同样的投资额可以获得更多的收益。此外，通过创建一个公司而不是仅仅做一次投资交易，可以帮助某些风险投资家实现他们的理想。

③经验：现在的风险投资行业越来越不愿意去和一个缺乏经验的风险企业家合作，尽管他的想法或产品非常有吸引力。在一般的投资项目中，投资者都会要求风险企业家有从事该行业工作的经历或成功经验。如果一个风险企业家声称他有一个极好的想法，但他又几乎没有在这一行业中的工作经历，投资者就会怀疑这一建议的可行性。这对于大多数创业的大学生来说是个问题，不过可以通过聘用有经验的人参与创业项目的管理来解决。

2. 拿起你的电话，多与风险投资家沟通

在这种情况下，大多数年轻的风险企业家，特别是在校创业的大学生常犯的一个错误就是没有去寻找足够的帮助，没有和已在本行业中取得成功经验的其他风险企业家进行交流。

通常，一个意识到自己缺乏经验的风险企业家会主动放弃企业的最高领导职位，他会聘请一位已有成功经验的管理者来担任风险企业的总经理（CEO）。因为多数没有经验的风险企业家，比如在校创业的学生都很年轻，这就使得他们有足够的时间成长为一名卓越的管理者和企业家。

寻求风险投资的企业应预先了解风险投资市场的行情。风险企业可以去查阅像风险投资公司大全这样的参考文献,在这些文献中常会有一些关于这些风险投资公司偏好方面的信息,也可以查阅一下本行业中那些即将上市企业的投资者名录,或直接访问行业中其他公司的管理者。另外,风险企业可根据本企业的特点和资金需要筛选出若干可能的投资公司。

在筛选时,风险企业所要考虑的因素包括:企业所需投资的规模;企业的地理位置;企业所处的发展阶段和发展状况;企业的销售额及盈利状况;企业的经营范围。通常,在此过程中,律师和会计师要起很大的作用。在筹集风险资金过程中,有时风险企业家需要找到一个主要投资者,这个主要投资者将会和企业一起推动、评价、构建这笔交易。此外,这个主要投资者还会把周围的投资者组织起来形成一个投资者集团。风险企业家应从最有实力的投资者中选择其主要投资者。

多数情况下,与风险投资家的接触可以通过电话,开始只是探讨一下你的想法是否和风险投资公司的业务范围相适合。绝大多数的风险投资家都会拿起听筒,因为他们也不知道下一个好的项目会从哪里来。然而,由于寻求资金的人很多,风险投资公司也需要一个筛选的过程。如果风险企业家能得到某位令风险投资公司信任的律师、会计师或某位行业内的权威的推荐,获得资助的可能性就会提高许多。尽管如此,多数的风险投资公司都要比人们想象的更容易接近。有些企业家常抱怨自己不能找到风险投资者,不能做这也不能做那。试想,如果一个风险企业家甚至找不到方法去和风险投资者进行接触,那么,风险投资者又怎能期望他会成功地向顾客推销产品呢?因此,在接触过程中,风险企业家还要有一种坚韧顽强的精神。

3. 目标不宜过多

为了保证筹资成功,有的风险企业家喜欢一次接触的风险投资家越多越好,但结果往往不尽如人意。事实上,如果和20位或30位的风险投资家联系,就会让人感觉不是一笔好生意,从而不愿花时间去考虑这个项目(因为这个项目可能已经被别人拿走了)。反过来,如果风险企业家每次都是一个一个地去找风险投资家,那么,他可能永远也筹集不到资金。因此,最可靠的方法是先选定8~10位风险投资家作为目标,然后再开始跟他们接触。在接触之前,要认真了解一下那些有可能对项目感兴趣的风险投资家们的情况,并准备一份候选表,这样,如果没有人表示出兴趣,企业家不仅可以知道原因,而且可以找另外的候选投资家去接触。总之,企业家千万不要把项目介绍给太多的风险投资家,风险投资家们不喜欢那种产品展销会的形式,他们更希望发现那些被丢弃在路边的不被人注意的好的商业机会。

有了目标投资人后,下一步要做的便是争取这些投资人对本企业投资。企业家要想成功地获得这种投资,除了和风险投资人明示本企业的投资价值,还必须掌握必要的应对技巧。在准备和风险投资人洽谈中小企业融资事宜之前,企业家应该准备好四份主要文件。这四份文件是:①《投资建议书》,即对风险企业的管理状况、利润情况、战略地位等作出概要描述;②《业务计划书》,即对风险企业的业务发展战略、市场推广计划、财务状况和竞争地位等作出详细描述;③《尽职调查报告》,即对风险企业的背景情况和财务稳健程度、管理队伍和行业作出深入细致调研后形成的书面文件;④营销材料,即是任何直接或间接与风险企业产品或服务销售有关的文件材料。

准备好文件之后，下一步是开始和风险投资人进行接触。在正式接触之前，一般需要提前向风险投资人递交《业务计划书》及其行动纲要。在递交《业务计划书》时，企业家首先得到该风险投资人的某个外延网络成员的推荐。这通常是使本企业的《业务计划书》得到认真考虑的很重要的一步。因为大部分风险投资人每个月都会收到成百上千份《业务计划书》，谁也没有足够的时间和精力来对每一份计划书进行细致的考查，而那些得到其网络成员推荐的企业的《业务计划书》通常会引起风险投资人的注意，这样在前几轮筛选中入围的概率就要大得多。在大多数情况下，能够承担这种推荐任务的可以是会计师或其他网络成员，因为风险投资人最容易相信这些人对业务的判断能力。风险投资谈判通常需要通过若干次会议才能完成。在大部分会议上，风险投资人和企业家将就企业家先前递交的《业务计划书》进行探讨、询证和分析。这里有两点需要注意：一是要尽可能让风险投资人认识、了解本企业的产品或服务。如果能提供一种产品的样品或产成品的话，这种认识和了解就会变得更加直观并且印象深刻。二是始终把注意力放在《业务计划书》上。有时会议往往会延续数小时之久，这时企业家有可能会变得非常健谈，从而自觉不自觉地就可能会谈到一些关于未来的宏伟计划，并提到某些在《业务计划书》中并未提及的产品。

流程 5 "天使投资"案例分析

阅读案例，回答问题。

【案例引入】

天使投资

2011 年，卫凡还是安徽大学计算机专业的一名大三学生，但已经开始了他的创业之路。"一开始一个人小打小闹，主要做一些教育机构代理，以及校园活动落地执行。"卫凡说，由于自己身在校园，加上这些业务门槛低、入手快，因此只要努力，就能获得回报。

并不丰厚的回报给了卫凡信心。大四上学期，他在父母的资助下，正式注册成立了自己的公司，和两个校友一起专门从事传媒、广告、会议、活动等一系列与校园有关的业务，"盈利不多，基本上能保证公司的正常运营和拓展。"在卫凡和合伙人的努力下，他们很快开起了十来家线下实体店。

然而，随着大学生手机消费习惯的逐渐养成，线上消费逐渐成为校园主流，这也给卫凡的公司带来了巨大的冲击。2015 年下半年，他毅然抱着"与其不断被冲击，不如主动拥抱"的心态，从线下走到线上。

在相继考察了北上广等发达地区校园经济形态后，回到合肥的卫凡一次性投入近 50 万元，在老师、同学的帮助下，自己开发出了一款名为"UU 校园"的 App，"其实就是把原本线下的项目线上化，线上接单，线下提供服务。"卫凡说，目前通过该 App 可以实现线上订购水果、蛋糕、鲜花，预约上门收件等服务，未来还会把跑腿、兼职、教育机构报名等所有与学生有关的业务纳入其中。

卫凡顺应时代潮流，打造智慧校园并整合相关服务商的尝试很快得到了市场的认可。2015年11月，App刚刚面世，卫凡就获得了300万元的天使投资，而这也是全省首个校园O2O项目获得资本市场认可的案例。

成功者说：

一眼能看到赚钱的项目早做完了。

能够从无数创业的大学生中突围而出，卫凡深知这成功来之不易，也有很多话想要对正在创业或者准备创业的人说。

"要认清自己，摸清方向，不要盲目选择创业。"卫凡认为，并不是每一个人都适合创业，因此在准备创业之前，首先要认清自己，知道自己的优缺点，在选择创业前作出一个好的规划。

"要理解创业的目的，到底是为了钱还是实现人生价值。"卫凡认为，创业是一个长期的过程，尤其是在目前这种创业压力升高、创业成本增加，成功概率却下降的情况下，可能很长时间都不一定能见到回报，如果是为了快速赚钱而创业，那么在艰难的时段里未必能坚持下去，而理想和追求却能给人动力。

"一眼能看到赚钱的项目别人早就做完了，等不到你。"卫凡认为，如今想要创业成功，要将眼光放在小众领域，凭借自己的专业知识和理解，在对市场做过充分调查的基础上开发新的点。

投资者说：

多务实少务虚具体项目更易成功。

在投资人眼中，大学生创业有哪些长处和不足，什么样的项目能够打动投资人，职业投资人胡先生对此有自己的见解。

"每个投资人都有自己不同的长项，偏向的重点也各不相同，从我个人来说，我首先看中的是做具体的项目，而不是抽象的、很长周期的项目。"胡先生说，很多大学生创业者都存在"不够接地气"的毛病，社会经验不足，对现实认识不够，他们容易沉浸在自己的理想王国之中，建立在这样基础上的项目几乎都是不成熟的，甚至是不可能实现的。"曾经有大学生找我，想要建设一个卡通王国，通过改变整个城市形态来消除现在社会上的一些不好的东西，我只能说他想得很好。"除了社会经验，大学生们由于年龄、阅历等方面的限制，在整合资源、市场拓展，以及实现销售目标等方面都存在一定的不足，这也限制了他们的发展。"还有一个通病就是对团队内部的管理，不能充分认识到每个人的特点，因人而异安排工作。"胡先生说，这就导致整个团队没法发挥最大的能量，导致后续发展乏力甚至停顿。

虽然大学生创业者有很多不足，但在投资人眼中也并不是一无是处，"年轻，有激情，执行力强。"在胡先生看来，这是他们最大的优点，有激情，就有将梦想转化为现实的可能。而刨除太过理想化的项目外，大学生创业主要还是在垂直领域、具体领域，这样的定位相对更为实际，操作实施的可行性也更强。

对于广大大学生创业者，胡先生也给出了自己的建议，"要建立在自己喜爱的基础上，再探讨可行性，兴趣是最大的动力。其次就是不一定要一条道走到黑，创业在任何时候都可以，不一定非要在大学时期，千万不要盲目跟风。"

案例反思：

(1) 卫凡融资成功的原因是什么？
_____
_____。

(2) 大学生创业选择天使投资的好处有哪些？
_____
_____。

 要点提示

天使投资平台作用

天使投资平台，是天使投资人与创业者聚合交流的一种形式，大量的天使投资人和创业项目同时在平台出现，使得交流对象众多，是项目快速成交的好方式。天使投资平台分为线上、线下及两者结合的几种形式。

在线天使投资平台可以提供在线咨询、谈判、视频会议答辩，并着力开发天使投资的在线交易模式，其特点是范围广、数量大，创业者可以同一天跟数十名甚至百名天使投资人交流，缺点是线上交流的仿真度有待提高，一些创业者在线上与线下表现不一致，使得投资人很难通过线上交流判断创业者真实能力。

线下天使投资平台实体场所的优点是提供休闲办公的投资交流环境，使得投资人可以近距离了解创业者，也可以在同一天中实现多项目多投资人沟通；缺点是时间和地域限制，使得有些项目和投资人不能恰好赶上交流时间地点。

现阶段线上线下结合的方式比较多，随着天使投资平台的逐渐繁荣，中国的天使投资行为也必将越来越广泛，创业者和天使投资人可以选择各种合适的天使投资平台寻找自己的理想目标。

天使投资一般是个体且偏好初级种子阶段的创业公司，投资金额较低。风险投资则关注成长期企业，投资手笔大，是一种正规化、专业化、系统化的大商业行为。

在美国，一般规定了天使投资人的总资产一般在100万美元以上，或者其年收入在20万～30万美元，依据你的项目的投资量的大小，可以选择以下天使投资的种类。

(1) 支票天使——他们相对缺乏企业经验，仅仅是出资，而且投资额较小，每个投资为1万～2.5万美元。

(2) 增值天使——他们较有经验并参与被投资企业的运作，投资额也较大，5万～25万美元。

(3) 超级天使——他们往往是具有成功经验的企业家，对新企业提供独到的支持，每个投资额相对较大，在10万美元以上。根据具体的项目资金选择合理的对象，这是很关键的。

> **要点提示**

如何在创业初期找到并获得天使投资？

1. 找出可以给你投资的人（列出一个人际亲密度名单）

天使融资过程的基础是将你关系网内外所有可能对你的项目感兴趣的人都列出来。这可不只是"潜在投资人"的名单（尽管包括了他们），而是所有你认为符合以下两种情况之一的人。

（1）在你创建公司和融资时想要帮助你的人。

（2）由于某一你能解释的具体原因对项目本身感兴趣的人。

这样做的目的在于通过回答"究竟谁会喜欢我和我的公司呢？"这个问题，促使你在一开始就打开融资范围。

如果你的目标是吸引天使投资人的心，那么你自然需要吸引他们喜欢你。这种"喜欢"可以被定义为"对某人某事自发或自然的喜爱或同情"或者个性上的相似带来的关系。因此，你需要问自己：谁才会自然地喜欢你或者你正在做的事情？谁会在他们和你或者他们的经历和你经历之间找到共同点？

为了帮助你进行头脑风暴，你可以从以下几处入手列举名单。

朋友和家人：从你的朋友和家人入手听起来十分显而易见和老生常谈，但是他们是和你最亲近的人。不过不要仅仅止步于直系亲属和亲密朋友。考虑一下你那位做创业公司律师的堂兄弟怎么样？或者考虑一下你父母那位从事技术咨询顾问业务的朋友？

和你个人背景相同的人：最明确的路径就是通过你的母校接触你的校友。许多学校都有自己的创业者组织，有一些甚至有用于投资自己校友的天使基金。但你应该考虑更大的范围。你参加了多少职业和社交团体？你还能怎样系统地找出和你有共同经历的人？包括那些你自己年龄段以外的人。你的名单包含的应该不只是你认识的人，还有那些你能通过关系网联系上的人或者能被你的故事打动的人，即便你是第一次和他们联系。

和你行业相同的人：你的创业公司越垂直化，尤其是如果你的公司是 B2B 项目，你就有越多的机会找出真正关心你公司的人。除（潜在）客户、分析师和咨询顾问外，你应该考虑将行业领袖放进你的名单并努力去接触他们。

和你职能相同的人：营销人员喜欢和其他营销大师在一起。软件开发者喜欢和志同道合的开发者在一起。作为一名创始人，如果你在某一具体职能上有重要影响力或者你创业公司本身能和某一特定职能的人产生共鸣，那就寻找一些该领域杰出的思想家（尤其是本地的）加入你的名单当中吧。

和你融资阶段相近的人：其他对天使轮融资有帮助的人就是别的创业者和投资人了。近期已经经历过天使融资的创始人可以为你提供丰富的信息、建议、投资介绍和引荐。如果你认识的专业投资人在现在这个阶段对你来说并不合适（比如，一家并购投资机构的 GP 或者医疗生命科学风投机构的投资经理），他们很有可能会认识其他适合你的投资人。

其他资源：还有很多按照交易量和名声排名的公开的投资人名单。你的目标并不是简单地复制粘贴整个名单，而是仔细检查他们的背景和过去的投资是否与你的创业公司合拍。

2. 要有策略地接触投资人

如果做得对的话,你的名单将会包含很多天使投资人(有可能超过100个),以及可能将你引荐给他们的人。下一步要做的事情就是对你将如何接触他们做一个优先级排序。

这一步与其说是科学,不是说是一门艺术。你的首要任务是通过制订明确的目标缩短在接触投资人上耗费的时间。如果你的目标是增加你的种子轮融资且重点在资金上,那你应该扩大你接触投资人的范围以获得更多天使投资人。如果说你出于资源和背书的目的想要找那很小一撮具有高度战略意义的天使投资人,那么你需要好好制订你接触投资人的方案以适用于每一个个体。

其次,你要考虑接触这些投资人的可能性。如果你已经认识了这些人,事情就会简单很多:只需要请求和他们碰面并向他们分享你的故事即可。最好的办法就是向一个认识你目标天使投资人的人来推荐你。一个超级"热情"的引荐并不总是必要的,有时有一个引荐足矣。

最后,假设你已经把第一步做得很详尽了,应该还是有一些值得你直接通过邮件来联系的投资人。只要你对邮件做一定的调整,他们就会明白这是专门发送给他们的而不是统一的模板。通过这样的联系方式收到的回复数量肯定会比你通过熟人联系收到的回复要少,但也有在融资方面非常"凶狠"的创始人通过自己的努力和坚持用直接联系陌生投资人的方法获得了大笔天使轮融资。

每一个联系投资人计划的目标都应该依据不同投资人在创投圈的地位、对项目的投资意愿,以及他们过去天使投资的历史来进行调整。

但对于名单上的其他人,你需要向他们宣传你的公司,并向他们分享你对于创业公司的领悟、故事及愿景,然后请求他们引荐一个有可能有帮助的人(不一定需要问出一个潜在的投资人的名字)。结果有可能会是一场寻找伙伴的漫长之旅,你要找到那些对你的创业公司不只是能让他们产生共鸣,同时还深深触动他们的心弦以至于他们迫不及待地主动参与投资的人。

3. 完成天使轮融资的时候注意时间限制

面对个人天使投资人的主要挑战在于他们有可能让事情毫无进展。"布置功课"、金融建模练习或者更常见的是没有明确议程的一连串谈判。如果谈判是和一个潜在的大额投资有关或者你觉得投资人对你的公司有远远超越资金的影响力,一般建议是开两到三次会议。如果会议之后天使投资人对公司不够信服,那你最好去寻找其他真正相信你的人。因为当会议主题偏离到尝试说服一名怀疑者,这样会浪费你很多宝贵的时间和精力。

事实是,在融资开始变得顺利之前,整个过程会一直缓慢。

在初始阶段,从第二步到第三步感觉就像是做了很多无用功一样。但随后便会发生一些变化。一旦第一笔和第二笔投资意向出现了,你就可以有信心和证据来推动其他投资人了。

值得一提的是融资的"神奇曲线"——拿到的钱越多融资越容易。因此,如果你给自己的融资过程加上一个时间限制的话,这会促使你在完成天使轮融资的路上优先将时间花在更高效的地方。

实训 11.2　融资路演

> **实训目标**

(1) 了解融资路演 PPT 的制作方法。
(2) 掌握融资路演的注意事项。

> **实训流程**

流程 1　路演文案

(1) 一句话概括你的产品〔通过什么为谁提供（解决）了什么〕。

_____

(2) 目标市场（8%）。
①切入的是什么行业（市场空间、容量；行业趋势）？

_____

②行业现状（分取的是蛋糕的哪一块中的哪种口味）（有多火热、政策如何利好）。

_____

③你的想象空间〔通过什么方式、用多长时间（四到五年最佳）、做到什么程度、什么规模（四到五年能做到的规模）〕。

_____

(3) 用户痛点（20%）。
①目标用户的定义（大于等于两条购买要素用户才会产生购买欲望）。

_____

②用户痛点（是否是真痛点）。

_____

③你的用户有哪些？

_____

(4)产品与服务(30%)。
①业务逻辑(业务流程、解决方案)。
_____
_____。

②价值主张(痛点如何解决、实用意义等,3点即可)。
_____
_____。

③产品形态(Web、App、服务号、实体产品、切合切入点)。
_____
_____。

④商业模式[如何定价(是否是刚需、使用高低频不同特点)、如何盈利、购买逻辑、当下盈利还是未来、想清楚资本运作]。
_____
_____。

(5)核心竞争力。
①门槛(技术壁垒、高新技术、专利)。
_____
_____。

②资源优势(已有用户、渠道)。
_____
_____。

③团队优势(团队既有资源、技术能力)。
_____
_____。

(6)核心团队。
①团队现状[全职人数(小于30人)、大概薪资(合理真实)等]。
_____
_____。

②关键点(公司的关键岗位及业务能力、职业、背景、出身、履历,先说明团队任职和作用再介绍履历)。
_____
_____。

③种子或天使投资人、顾问(创业、融资)。
_____
_____。

(7)结束。
①融资(视情况而定)[融资金额、出让股比(不得超过30%),三个股东自己大于等于60%]。
_____
_____。

②联系方式(手机号、二维码、公司地址、网址等)。
_____
_____

③结语(期待与什么人在一起干一件什么样的事情,以及公司 logo)。
_____
_____

流程 2 制作路演 PPT

(1) 选择合适的 PPT 模板。
_____
_____

(2) 根据文案内容设计 PPT 展示页面。
_____
_____

 要点提示

PPT 制作注意事项

1. 幻灯片文字要精简

(1) 只保留标题、核心的词语。可有可无的东西一概删掉。最多每张幻灯片中的文字不能超过 5 行。

(2) 行间距要拉开。选中文字,执行工具栏中"格式"——"行距"命令,调整文字排列,把行距由 1.05 变成 2,单击"确定"按钮。可以看到精简调整前后的对比。

(3) 字体要调整。字体的选择上,尽量不要用宋体(播放时,字的横笔画不太清楚)、仿宋(笔画过细),一、二级标题一般选择黑体,其他的用楷体(不是楷体 GB2312)。

为了醒目,字体都要加粗。

字号不可太小,小于 20,稍远点就看不到了。

2. 幻灯片颜色要少且搭配要适当

幻灯片的背景要与字、图、表三者色彩协调统一,可以增强 PPT 的感染力、表达力。如果没有色彩学的基础,那么要注意以下几个方面:

(1) 采用 PPT 自带或者默认的色彩搭配。执行"格式"——"幻灯片设计"命令,在右栏再单击"配色方案"按钮,选择喜欢的色彩搭配。

(2) 如果自己设计模板和搭配色彩,注意色彩搭配的基本方案:不要色彩比对过于鲜明,如白对黑、红对绿或蓝、红对黑。同一张幻灯片不要超过两种颜色。

3. 禁止滥用动画、声音

在幻灯片中,添加适当动画,可以增加趣味性,加深印象。滥用动画、声音,过多地插入动画、声音、视频,会让人头昏脑涨,适得其反。

(1) 第一张幻灯片,大都是标题内容,不适合采用动画效果。如果设置了动画,观众要耐着性子才看到题目,在没有完全熟悉题目的时候,可能 PPT 就要翻到下一页。

(2) 同一章幻灯片中,文字、图片出现方式要统一。

文字、图片的出现,要从同一个方向、同一种方式出现,不能四面八方,更不能让人晕头转向。

流程 3　模拟融资路演

融资路演总体上可以分为两个部分。首先是 30 秒的介绍,在这 30 秒内,你要能清楚地向投资者传达你的目的,无论听你演讲的对象是否对你的产品感兴趣,是否愿意出钱投资你的创意,这都是最基本的。第二部分是两分钟展示,这个部分是为对你的公司或产品感兴趣的人准备的。

1. 30 秒演讲,用三句话让别人明白你究竟要做什么

30 秒的介绍其实很容易,简单的三句话就足够了,你可以慢慢来,不用着急,不必急于向听众传达所有的信息。

第一句话说明你们公司是做什么的。可是偏偏有很多人都搞砸了。有时候直截了当地说明会更好,你只要把听众当成什么都不知道的人去陈述就可以了。你可以运用"妈妈测试"的方法,如果你不能用一句话让你妈妈明白你在做什么,那么就重新组织语言,直到能用一句话就向你的父母解释清楚为止。当然是允许你使用基础语言的,比如你可以这样说:"大家好,我们是 Airbnb,我们提供将你们家中的空房间租出去的服务。"这样一说就简单明了,但如果你跟别人说"我们是 Airbnb,是一个空间的大集市。"我想没有几个人能听懂你在说什么,可能需要消化一段时间才能领会。因此,学会使用简单的语言对于融资演讲非常重要。

第二句话要阐明产品的市场有多大。要说明产品的市场有数十亿美元其实非常简单,比如 Airbnb 就会说:"酒店市场如此大?假期租房市场也何其大?更不用说在线酒店预订市场了。"这些简单的数据都能在网上查到,也就是说大家都有目共睹,这样一来投资者就一目了然,既然市场如此庞大,那么投资这家公司肯定有利可图。

第三句话要说明你们公司的增长潜力究竟有多大。比如可以简单地介绍说:"我们公司成立于 1 月份,经过短短一个月的时间就实现了 30% 的增长,目前的营业规模是多少?收入是多少?用户人数高达多少?"你所要做的就是让投资者相信你的公司增长很快,比如说团队从 1 月份开始工作,3 月份就开发出测试版,到 4 月份就顺利发布产品。也就是要设法让投资者相信你们团队的工作一路下来进行得很顺利,而非长期步履艰难。但你们不能把自己的公司想象成一家大公司,你们是一家创业公司,增长速度可以很快,不过也允许犯错。

2. 两分钟的演讲,四个关键所在

经过 30 秒介绍,你已经获得部分可能的投资者了,接下来就是两分钟的演讲。很多人在第二部分的时候一讲就是半小时,有的甚至要讲一个小时,结果讲的都是废话。事实上两分钟就足够了,正所谓言多必失,讲得越多,越有可能提到别人不喜欢的部分,这种时候少说话反而更好。这一部分有四个关键所在。

首先是敏锐的洞察力。风险投资者可能会问你:"你的秘密武器是什么?你的竞争优势是什么?你有什么独特的见解吗?"其实这些问题都一样,这时候就是你展示的机会了,向这些市场大玩家们展示一些他们不懂或者是不太懂的东西,这就是使人顿悟的时刻,你最好能在两句话之内就能让他们顿悟。你可以总结所有你将打败其他竞争者的理由,或者你也可以谈谈你产品创意的来源。顿悟的时刻非常必要,通过两句话你就能很快知道谁是你要找的

人，通过观察不同人的反应你就能进行简单的筛选。因此，具备敏锐的观察力非常重要，不需要搞得很复杂，用简单的两句话就能轻松排除不感兴趣的投资者。

其次，直白表述赚钱方案。很多创业者都会回避"你要怎么赚钱""你的商业模式是什么"这类的问题，因为他们觉得如果回答"广告"应该会被认为非常愚蠢。其实根本没必要回避，答案是什么就说什么。如果是广告就直接回答广告，Facebook的收入绝大部分就来源于广告，Google也是这样。当被问到如何赚钱的问题时，不需要绕个弯回答说："我们打算经营广告，或许是一些虚拟的产品，但我们最终会确定下来的，可能是这个，也可能是那个。"这种模棱两可的答案说了等于没说，你等于是在告诉投资者你不知道要怎么赚钱，你只是有这样几个不同的方案可以选择，一切都还只是个未知数。其实你最好说清楚一点，没必要把你们公司每一种可能赚钱的方案都陈述出来，只要明确告诉投资者你赚钱的方法是什么就可以了，三年后假如你赚钱的方案不是当初融资时说的那一套，投资者也不会怎么样。

再次是团队。答案已经呼之欲出了，如果你的团队做过一些惊人的事迹，不妨说出来听听，比如"我们是PayPal的创始人"或者"我们是亚马逊的创始人"等。这种话一说出来就能让人眼前一亮，所以如果团队中有什么惊人事迹，一定要说出来，这能帮你赢得投资者的资金。但是如果没有的话，就不要大吹你的团队中有多少个博士之类的，投资者根本就不在乎，他们想知道的是团队中有多少创始人，最好是有2~4名；他们想知道的是这些创始人中有多少是技术型的人才，工程师和商务人士各占多少比例，最好是1∶1，如果工程师比例更高些更好；他们想知道的是团队中的人互相认识多久了，最好不要是几天前才相识的，最理想的是彼此之间有私交或是生意往来半年以上；他们想知道的是团队成员是否都是全职工作，这个非常重要，这足以说明成员是否都是全身心投入事业；他们还想知道团队是如何组建起来的，这就是投资者想知道的，也只需要简单的几句话就够了。获得投资者信任的唯一方法就是你们已经有所成就，在投资者看来，团队有所成就其实意味着已经在赚钱。不过你要小心，不要过度自我膨胀，否则会事与愿违。

最后是一个大问号。到这个时候，你要搞清楚你的演讲是否提到筹资。你必须清楚你到底在讲什么；你必须知道你是否在出售可换股票据，你的融资是否安全可靠；你必须知道你的融资额；你必须设定一个最小融资额。如果你不知道这些，那么投资者会认为你一点都不严肃，或者你的功课根本没有做足。在这一部分你就要说一些专业行话，而不能简单地说"我要筹集一些钱"这类的基础语言。如果你不了解专业行话，可以上网搜索，非常简单，很快就能学会。

通过以上归纳总结，一个清晰明了的融资演讲内容就展现出来了，这样的框架能避免很多创业者演讲的时候说一大堆又没说到重点，从而错过融资机会。

要点提示

如何做一场让投资者无法拒绝的路演？

融资路演是一件非常重要的事情，一旦获得投资人的青睐，就能帮助你的公司腾飞；相反，如果搞砸路演，你的创业想法可能就永远无法实现。

按照投资人的经验法则，他们所做的100笔投资中，大概只有10笔能获得成功。

如果把上面这个经验法则应用在融资路演里面，就意味着当投资人看过1 000场路演，他们只会对其中100家初创公司进行投资。从数字上来看，这种成功的概率其实非常小。不过,如果能够好好研究路演,或许能让你"赢得回头率",并获得投资。

那么,如何做一场超级引人注目,令投资人无法抗拒,难以忘怀的融资路演呢?不妨赶紧往下看吧。

1. 只要花十分钟

时间非常重要,你路演的时间越少,效果反而会越好。

一个闪亮的创意其实并不实在,除非你可以在路演的 PPT 上展示出来。当然,如果能够更简洁地表现,效率就会更高。那么在讲解路演 PPT 时,有以下几个要点。

如果你觉得某个 PPT "只要花几分钟",那么就压缩在 1 分钟之内。

如果你被投资人告知"只有几分钟的路演时间",那么就至少要把时间压缩到 5 分钟之内。

如果你说"下面是最后一件事"或是类似的话,那么请确保这真的是最后一件要说的事。

掌握好节奏,不要急急忙忙收尾。

如果你使用幻灯片,在一张幻灯片上停留的时间不要超过 3 分钟。

最好的路演时间大概是 10 分钟,如果投资人真的感兴趣,他们会问问题,如果他们不感兴趣,其实相当于你解救了他们。

2. 把路演变成讲故事

讲故事的方式非常能够抓住听者的关注,这是得到过论证的。另外,这种方式也能让你的路演变得难忘。

投资人其实并不喜欢幻灯片、PPT、估值、数字之类的内容,如果他们想要那些信息,绝对可以不费吹灰之力就搞定。所以,在投资人面前不要班门弄斧,你可以告诉他们自己的创业故事,每个人都喜欢听好故事,即便是最看重数据的投资人也不例外。

所以,讲一个你的故事,表述清楚。你的重点是要引起投资人的关注,让他们愿意为你投钱,达到这个目标就可以。

3. 保持专注

在投资人眼里,时间是他们最宝贵的资产。如果你的路演让投资人感到你非常尊重他们的时间,那么他们也会用投资来回报你。

时间的重要性无须赘述,所以,路演时你需要时刻保持专注,同时还要重点关注几个要点,那么,有哪些要点呢?别着急,往下看。

4. 准确解释你的产品或服务是什么

不要只给投资人"画大饼",要给他们展示一个实实在在的产品。

这里需要注意的是,不要过分解释你的产品特性,投资人最关心的其实是你的产品如何能赚到钱。如果你了解这一点,就更容易从投资人那里拿到钱。

5. 准确解释你产品或服务的与众不同之处

如果你无法制造或提供一些与众不同的产品或服务,最好不要去路演了,赶紧回去再好好钻研,设计出更好的东西吧。

6. 准确解释你的目标受众群

尝试利用人口特征和心理特征来定位你的客户，给投资人展示一些客户数据，会更有说服力。

7. 准确解释你会如何获取新客户

公司是否能获得成功，主要归功于营销。如果你有一个营销理念、方法，或是技术，请告诉投资人。相反，如果你有一款很好的产品，却无法销售出去，那么也不会获得投资人的青睐。投资人需要看到的是一个无懈可击的营销策略，让你的产品能够上市。

此外，如今的投资人会更看重线上营销，因此你需要格外注意。

8. 解释你的收入模式

投资人之所以投资你，无非是希望得到回报。因此，路演中投资人问得最多的问题，就是你的公司如何盈利。实际上，他们是在询问你的收入模式。所以，请准确解释自己采用了哪些收入模式，以及如何执行这些模式。

9. 要变得非常热情

如果你平时喜欢看创业融资的电视节目，比如创智赢家（Shark Tank）和Barbara Corcoran，就知道创业热情是非常重要的。"我现在最关心的事情，就是帮助创业者发展自己的想法。而我最看重的，就是那些对自己产品充满无限热情的创业者。因为激情是无法掩饰的。"

一个充满能量热情的创业者，在投资人面前至少能加一半分数。还有一点要注意的，就是创业者一定要走出自己的舒适区。

10. 路演时要重视穿着

"以貌取人"的情况虽然看上去有些不公平，但在很多时候还是存在的，特别是在路演时，一定要重视你的穿着。如果你要募集成百上千万的投资，花个几千块买件好衣服不算过分。

11. 多练习

正式路演之前，练习、练习、再练习。

12. 预见问题，提前回答

如果投资人对你感兴趣，他们肯定会问很多问题，因此要提前对可能问到的问题做到心中有数。

如果你能回答一些非常棘手的问题，那么无疑可以从另一方面展示自己的能力，投资人其实非常喜欢看到这一点。

13. 告诉投资人他们的"退出策略"

一个杀手级的融资路演，最重要的就是要向投资人展示"退出策略"。实际上很多初创公司都会忽略这个问题，投资关注的是在短时间内能赚到钱，但是"短时间"是多久呢？通常五年是个比较保险的时间范围。之后你需要做的，就是告诉投资人如何在五年之内赚到钱。

创办新企业

创业一直都深受大学生的青睐,在创业初期,创业团队可能结构比较松散,但当创业成功之后,便需要注册企业、开办公司了。俗话说"不打无准备之战",大学生自主创业需要考虑的因素很多,除资金筹备外,还需要详细了解创办新企业的流程,避免走入误区,造成损失。

实训 12.1 企业组织形式

实训目标

(1) 了解企业组织形式。
(2) 掌握公司类型。

实训流程

流程 "企业组织形式"案例分析

阅读案例,回答问题。

【案例引入】

企业组织形式

1. 按企业资产的所有制性质分类

按企业资产的所有制性质分类是我国过去常用的一种分类方法,按此方法可将企业分成以下几种类型。

(1) 国有企业。国有企业也称全民所有制企业。它的全部生产资料和劳动成果归全体劳动者所有，或归代表全体劳动者利益的国家所有。在计划经济体制下，我国的国有企业全部由国家直接经营。由国家直接经营的国有企业称为国营企业。

（2）集体所有制企业。集体所有制企业简称集体企业。在集体企业里，企业的全部生产资料和劳动成果归一定范围内的劳动者共同所有。

（3）私营企业。私营企业是指企业的全部资产属私人所有的企业。《中华人民共和国私营企业暂行条例》规定："私营企业是指企业资产属于私人所有，雇工8人以上的营利性经济组织。"

（4）混合所有制企业。混合所有制企业是指具有两种或两种以上所有制经济成分的企业，如中外合资经营企业、中外合作经营企业、国内具有多种经济成分的股份制企业等。中外合资经营企业是由外国企业、个人或其他经济组织与我国企业共同投资开办、共同管理、共担风险、共负盈亏的企业。它在法律上表现为股权式企业，即合资各方的各种投资或提供的合作条件必须以货币形式进行估价，按股本多少分配企业收益和承担责任。它必须是中国法人。中外合作经营企业是由外国企业、个人或其他经济组织与我国企业或其他经济组织共同投资或提供合作条件在中国境内共同举办，以合同形式规定双方权利和义务关系的企业。它可以具备中国法人资格，也可不具备。合作各方依照合同的约定进行收益或产品的分配，承担风险和亏损，并可依合同规定收回投资。

2. 根据企业制度的形态构成分类

根据企业制度的形态构成分类是国际上对企业进行分类的一种常用方法。按此方法可将企业分成业主制企业、合伙制企业和公司制企业。企业制度是法律规定的结果，所以，按这种分类方法划分而成的企业类型也称法律形式。

（1）业主制企业。业主制企业是由一个人出资设立的企业，又称个人企业。出资者就是企业主，企业主对企业的财务、业务、人事等重大问题有决定性的控制权。企业主独享企业的利润，独自承担企业风险，对企业债务负无限责任。从法律上看，业主制企业不是法人，是一个自然人。

（2）合伙制企业。合伙制企业是由两人或数人约定，共同出资或以技艺共集一处设立的企业。合伙企业的合伙人之间是一种契约关系，不具备法人的基本条件，不是法人。但在有些国家的法典中，明确允许合伙企业采取法人的形式。根据合伙人在合伙企业中享有的权利和承担的责任不同，可将其分为普通合伙人和有限合伙人。普通合伙人拥有参与管理和控制合伙企业的全部权利，对企业债务负无限连带责任，其收益是不固定的。有限合伙人无参与企业管理和控制合伙企业的权利，对企业债务和民事侵权行为仅以出资额为限负有限责任，根据合伙契约中的规定分享企业收益。由普通合伙人组成的合伙企业为普通合伙企业，由普通合伙人与有限合伙人共同组成的企业为有限合伙企业。

业主制企业和合伙制企业统称为古典企业。

（3）公司制企业。公司是指依公司法设立，具有资本联合属性的企业。国际上有关公司的概念，一般认为："公司是依法定程序设立，以营利为目的的社团法人。"因此，公司具有反映其特殊性的两个基本特征：公司具有法人资格，公司资本具有联合属性。这是公司区别于其他非公司企业的本质特征。根据《中华人民共和国公司法》规定，我国将存在国有独资公司，这是一种特殊的公司形式。

对公司企业可进一步按照其股东的责任范围进行分类，将公司分为以下四种。

①无限公司：是由两个以上的股东出资设立，股东对公司债务负无限连带责任的公司。

②有限责任公司：是由一定数量（《中华人民共和国公司法》规定为1~50个）的股东出资设立，各股东仅以出资额为限对公司债务负清偿责任的公司。有限责任公司不能对外发行股票，股东只有一份表示股份份额的股权证书，股份的转让受严格限制。

③两合公司：是由一名以上的无限责任股东和一名以上的有限责任股东共同出资设立，无限责任股东对公司债务负无限连带责任，而有限责任股东仅以出资额为限承担有限责任的公司。

④股份有限公司：是由一定数量（我国公司法规定为一人以上二百人以下，其中应当有半数以上的发起人在中华人民共和国境内有住所）以上的股东出资设立，全部资本分为均等股份，股东以其所持股份为限对公司债务承担责任的公司。股份有限公司的财务公开，股份在法律和公司章程规定的范围内可以自由转让。

3. 按企业生产经营业务的性质分类

按企业生产经营业务的性质分类的方法也是我国常用的企业分类方法。而且，我国企业的上级主管部门也是按这一分类来设置管理机构的。按这种分类方法分成的主要企业类型有以下几种。

（1）工业企业。工业企业是从事工业品生产的企业，为社会提供工业产品和工业性服务。

（2）农业企业。农业企业是从事农、林、牧、副、渔业生产的企业，为社会提供农副产品。

（3）商业企业。商业企业是从事生活资料流通和流通服务的企业。

（4）物资企业。物资企业是从事工业品生产资料流通或流通服务的企业。

（5）交通运输企业。交通运输企业是为社会提供交通运输服务的企业。

（6）金融企业。金融企业是专门经营货币或信用业务的企业。

除上述主要类型外，还有邮电、旅游企业等。上述企业中的商业企业和物资企业统称为商品流通企业，简称流通企业。将生活资料和生产资料分开是我国计划经济体制的产物。生活资料和生产资料在生产和消费方面虽有各自的特点，因而组织流通的活动也会有所不同，但从市场经济的角度看，它们都是商品，没有本质的区别。

4. 公司类型

（1）有限责任公司。依照法律规定的条件设立，公司全体股东以各自认缴的出资额为限对公司债务承担清偿责任，股东一旦向公司缴清认缴的出资就不再向公司及公司的债权人承担其他财产责任，公司以其全部资产对外承担责任。由国家授权投资机构或国家授权的部门单独设立的国有独资公司是有限责任公司的一种形式。

（2）股份有限公司。由一定人数的发起人设立，公司全部资本划分为等额股份，股东以其认缴股份为限对公司承担责任,公司以其全部资产对外承担责任。

5. 非公司企业的经济性质

(1) 全民所有制企业。全民所有制企业是指由国家或由国家授权的机构或部门投资设立,企业的全部财产归国家所有的企业。

(2) 集体所有制企业。集体所有制企业是指由劳动群众集体或集体性质的法人出资设立,企业的全部财产归集体所有的企业。

(3) 私营企业。私营企业是指由公民个人出资设立,雇佣一定数量的职工,企业的全部资产归公民个人所有的企业。

(4) 联营企业。联营企业是指由两个以上多种经济成分的企业法人、事业单位法人共同出资设立,企业的全部资产归全体出资者所有的企业。联营企业可以由几个全民所有制企业组成,可以由几个集体、私营企业组成,也可以由全民企业、集体企业、私营企业共同出资设立。

(5) 股份合作企业。我国目前也存在一定数量的股份合作企业。这是一种以合作制为基础,实行劳动者的劳动联合与资本联合相结合的企业组织形式。

6. 外商投资企业的类型

我国实行改革开放政策以来,先后发布了《中华人民共和国中外合资经营企业法》《中华人民共和国外资企业法》《中华人民共和国中外合作经营企业法》。

(1) 中外合资经营企业。中外合资经营企业是指依照中国法律,由中国境外的外国公司、企业、其他经济组织或者个人与中国的企业或者其他经济组织在中国境内共同投资设立的合营企业。中外合资经营企业采取有限责任公司的形式,依法取得中国企业法人资格。

(2) 中外合作经营企业。中外合作经营企业是指外国企业和外国的其他经济组织或者个人同中国境内的中国企业或其他经济组织,按照平等互利的原则,根据中国法律在中国境内出资或者提供合作条件设立的企业。中外合作经营企业设立的目的,一般是完成某个经营项目,为此,由合作双方订立契约。中外合作经营企业可以是独立企业法人性质即有限责任公司,也可以不具有独立企业法人资格。不具备独立企业法人资格的企业本身没有独立的企业财产所有权,企业只有一定的财产管理权和使用权,登记实践中,这类企业一般是由中方投资者提供土地、劳动力、项目、原材料及现有厂房、设备,外方投资者一般提供资金、设备、技术等作为投资。

(3) 外商独资企业。外商独资企业是指企业的全部资本均由一家或多家外国投资者投资的企业。企业由外商投资者经营,企业的利润和投资风险由外国投资者承担,外商独资企业采取有限责任公司的形式。另外,国务院于1980年发布了《中华人民共和国国务院关于管理外国企业常驻代表机构的暂行规定》,将外国企业常驻我国的代表机构纳入企业登记管理的管辖范围。外国企业常驻代表机构是指外国企业和其他外国经济组织在我国境内设立的从事联络活动的办事机构。根据有关规定,外国企业常驻代表机构还须接受国家有关行业主管部门,如国家中央银行、保险监督管理机关、司法、航空、旅游等行政主管部门的监督管理。目前,在我国登记的外国企业常驻代表机构有3万多家。

案例反思:

(1) 大学生初创企业选择哪种形式更为合适?
_____。

(2) 分析各种企业组织形式的优点、缺点。
_____
_____。

(3) 若是你创办企业,会选择哪种类型?说明原因。
_____
_____。

实训 12.2　企业选址

实训目标

(1) 了解企业选址的影响因素。
(2) 掌握选址调研的方法。

实训流程

流程 1　"星巴克咖啡的选址策略"案例分析

阅读案例,回答问题。

【案例引入】

星巴克咖啡的选址策略

星巴克(图12-1)从一个无名小卒成长为一位耀眼的明星,并迅速演变为一种标榜流行时尚的符号。在都市的地铁沿线、闹市区、写字楼大堂、大商场或饭店的一隅,在人潮汹涌的地方,那墨绿色商标上的神秘女子总是静静地对你展开笑颜。

图 12-1　星巴克

1. 定位生活的"第三空间"

星巴克选址的策略很简单,星巴克的定位就是"第三生活空间",这是什么意思?就是家和办公室中间还应该有一个地方可以提供大家休息、畅谈,包括来洽谈一些商务的环境,星巴克进入市场的切入点就是这一点。第三生活空间对我们来讲是什么呢?在1999年星巴克开店以前,如果大家想谈一些事情会去哪里?是麦当劳、肯德基,或是去一些中餐馆,如果在用餐的时间去没有问题,但是非用餐时间去哪里?这些确实是很令人困惑的事情,而星巴克当时的切入点也就是能够给客人提供一个谈话的场所,这也决定了星巴克选址的一些理念,包括一些方法。

近5年来,星巴克几乎平均每年开10家店,每天卖掉的咖啡超过1万杯。如此迅捷的步伐,秘诀是什么?

"星巴克给我的方便大于给我的味觉享受。"一位正在品尝咖啡的方小姐这样说道,"它总是出现在最繁华的街道最显眼的位置,于是当逛街逛到疲惫时,当双眼在计算机屏幕前感觉酸涩时,当朋友来了没地方说话时,我会自然而然地想到星巴克。"

这正是星巴克想要的——任何时候都能够为热爱星巴克的人群提供服务。而支撑这份雄心的是一张明晰的选址图。

星巴克选址首先考虑的是商场、办公楼、高档住宅区等汇集人气、聚集人流的地方。此外,对星巴克的市场布局有帮助,或者有巨大发展潜力的地点,星巴克也会把它纳入自己的版图,即使在开店初期的经营状况很不理想。

星巴克对开店的选址一直采取发展的眼光及整体规划的考量。因为现在不成功并不等于将来不成功。星巴克全球最大的咖啡店是位于北京的星巴克丰联广场店,当初该店开业时,客源远远不能满足该店如此大面积的需要。经营前期一直承受着极大的经营压力,但随着周边几幢高档写字楼入住率的不断提高,以及区政府对朝外大街的改造力度不断加大,丰联店一定会成为该地区的亮点。于是,丰联店最终咬着牙关坚持了下来,现在该店的销售额一直排在北京市场前列。

星巴克在中国的拓展之路就这样一步步地迈开了。步调的快速则得益于开店时遵循以租为主的发展策略。星巴克对店面的基本要求很简单,从十几平方米到四百平方米都可以开设,以租为主,可以在最短的时间内利用最少的资金开设最多的店面。

2. 选店模式倚重当地公司

星巴克的选店模式更多倚重于当地星巴克公司。

选店流程分为两个阶段。

第一阶段,当地的星巴克公司根据各地区的特色选择店铺。这些选择主要是来自三个方面:公司自己的搜寻;中介介绍;各大房产公司在建商楼的同时,也会靠主动引进星巴克来营造环境。在上海,这三种选择方式的比例大概是1:1:2。

第二阶段,总部的审核。一般来说,星巴克的中国公司将店面资料送至亚太区总部由他们协助评估。星巴克全球公司会提供一些标准化的数据和表格,来作为衡量店面的主要标准。而这些标准化数据往往是从各地的选店数据建立的数据库中分析而来的。

事实上,审核阶段的重要性并不十分突出,主要决定权还是掌握在当地公司手中。如果一味等待亚太区测评结果,很可能会因为时间而错失商机。据上海统一星巴克的负责人介绍，往往在待批的过程中，地方店面已经开始动手装修。

"虽然95%的决定权在地方公司，但是也有制约机构来评定我们的工作。"一位部门负责人透露。在星巴克，一方面理事会会根据市场回报情况，评定一名经理的能力；另一方面，会计部会监控各店面的经营情况。

星巴克有独立的扩展部负责选点事宜，包括店面的选择、调查、设计和仪器装备等一系列工作。以上海统一星巴克为例，这一部门的人数包括部门经理在10人以上。

商圈的成熟和稳定是选址的重要条件，而选址的眼光和预测能力更为重要。比如，星巴克的新天地店和滨江店，一开始都是冷冷清清的，并不是成熟的商圈，然而新天地独特的娱乐方式和滨江店面对黄浦江，赏浦西风景的地理优势，使这两家店面后来都风生水起，成为上海公司主要的利润点。

案例反思：

（1）星巴克选址时注重哪些因素？
_____。

（2）星巴克选择商圈的原因有哪些？
_____。

（3）总结星巴克的选址策略。
_____。

要点提示

商业选址 5A 法则

1. 店址是现代零售商业的核心竞争力

现代零售商业的生命力源于商家对消费者需求的满足。

早期，消费者对零售商家的需求是能买到需要的商品。商家要满足这一需求，主要是依赖自身拥有的商品经营技术，其中包括对商品种类、商品质量、商品价格等要素的管理。

随着市场经济的发展繁荣，商家的数量不断增多，消费者对商家的选择机会也就相应增多了。同时，随着人们生活节奏的不断加快，时间的价值也在提升，促使消费者对零售商家的需求已经不仅仅是满足于能买到商品，而是逐渐上升为要能尽可能便利地买到商品，增加了对购物便利性的需求。要满足这一需求，除了商品经营技术的作用，主要是依赖商家的选址技术。

可以说，商品经营技术和店铺选址技术构成了现代零售商业竞争力的两大支柱。

商品经营技术早已被商家普遍重视，得以不断改善和提升。时至今日，随着各商家的学习能力和复制能力的加强，随着人员的流动，商品经营技术已经和商品本身一样具有了极强的流动性。昨天你有的新商品，可能今天我也就有了；今天我采用的销售新策略，可能明天他也就采用了。不同商家之间在商品及商品经营技术上几乎已是无秘密可言,相互的差异日渐缩小,商业竞争愈演愈烈。

面对激烈的竞争,商家满足消费者便利需求的能力,将会越来越成为商家保持常胜的核心竞争力,这种核心竞争力集中体现于商家运用店铺选址技术正确选择出的店址。因为店址是商业经营的基础平台、是难以改变的实体、是无法克隆的资源。对于一家已建成的商场,要对其硬件进行任何改造都会付出大的代价,更不必说要想改变商场所在的位置了。由于受地理、环境、人文等多种因素的综合影响,任一处店址都不会是完全一样的,一个商家先机占有了一处位置很好的店址并取得经营成功后,尽管其他商家可以全套模仿它的商品和技术,甚至可以挖走它的人员,几乎所有资源都可能被共享,但唯一做不到的是得到完全相同的店址。

2. 便利性是零售商业店址的第一特性

连锁经营商业的店铺发展,已经逐渐形成一门新的独特的边缘性学科,它涉及了商业营运、法律、财务、工程、信息管理、公共关系和项目管理等多个学科领域的专业知识。科学地运用店铺选址技术选择商业店址,则是店铺发展工作的首要内容。

店铺选址技术自身包含了诸多具体内容,选址的操作过程中也会面临各种不同的实际情况。如何在各种因素交错之中把握住稍纵即逝的机会呢?常言道:"万变不离其宗"。只要抓住商业选址的宗旨和基本属性,就能够在众多各有千秋的商业设施项目中,驾轻就熟、合理取舍,高效率、高质量地选出满意的店址。

零售商业店铺选址的宗旨是为消费者选择便利。

购物是否便利,往往是消费者选择商家的重要因素,特别是当各商家的商品及其质量、价格趋于近似的情况下,便利与否几乎起到了决定性的作用。因此在选址中,一切都要立足于消费者的立场,着眼于能否使消费者在购物中感到便利。消费者购物的便利性已经成为零售商业店址的第一特性,也是衡量店址优劣的首要标准。

消费者对购物便利性的诉求是贯穿于购物全过程的。这个全过程并不仅仅是从消费者进入商场开始,而是从消费者的出发地(多为居住地或工作地)开始的。为确保选出的店址能最大限度地满足消费者购物的便利性需求,通常可将购物全程分解为串联的五个阶段,依次进行分析研究,设身处地找出消费者在每个阶段相应的便利性需求,并分别确定出为满足这些需求所应达到的条件及其标准,这些就构成了零售商业店铺选址的基本法则——便利法则。

流程 2 拟定企业类型及初步调研

拟定企业创办类型,根据企业选址因素,填写表 12-1 的选址调研情况表。

表 12-1 选址调研情况表

企业类型	
经营范围	
选址考虑因素	

 **要点提示**

工厂选址需考虑的因素

对于影响设施选址的因素，可根据它们与成本的关系进行分类。与成本有直接关系的因素，称为成本因素，可以用货币单位来表示各可行位置的实际成本值。与成本无直接关系，但能间接影响产品成本和未来企业发展的因素称为非成本因素。

1. 主要的成本因素

（1）运输成本。对于大多数制造业工厂和从事分配的企业来说，运输成本在总成本中均占有较大的比重。运输距离的远近、运输环节的多少、运输手段的不同，均对运输成本构成直接影响。因此，通过合理选址，使运输距离最短、减少运输环节中装卸次数，尽量靠近码头、公路、铁路等交通设施，可以使运输成本降到最低、服务最好。

（2）原料供应。某些行业对原料的量和质均有严格的要求，这类部门长期以来分布在原料地附近，以降低运费，减少时间阻延，得到较低的采购价格。但是目前工业对原料地依赖性呈缩小趋势，主要原因包括技术进步导致单位产品原料消耗的下降，原料精选导致单位产品原料用量、运费的减少，工业专业化的发展导致加工工业向成品消费地转移，运输条件的改善导致单位产品运费的降低等。尽管如此，采掘业、原料用量大或原料可运性小的加工工业仍以接近原料产地为佳。

（3）动力、能源的供应量和成本。对于火力发电厂、有色金属冶炼、石油化工等行业来说，动力、能源因素的考虑将占据重要地位。

（4）水力供应。不同企业对于生产用水的质量和数量要求是不一样的。中国传统酿酒工业对于水质的要求与矿泉水生产一样，几乎到了苛刻的地步；而钢铁工业、电厂、造纸厂则必须靠近江河水库，一般的城市供水是无法满足其水量要求。

（5）劳工成本。不同的产品和生产方法，所要求的劳工数量和质量是有区别的；技术密集型工业如仪器仪表生产、集成电路生产和计算机生产等对劳工的质量有较高的要求；而劳动密集型工业如纺织业、服装业等对劳工的数量有较大的需求。许多国家劳动力资源的分布是很不平衡的。这种不平衡既表现在数量方面也表现在质量方面。因此，设施选址时劳工的供应状况是一个重要的条件。

另外，不同地区劳工工资的水平是不一致的，但是工资水平本身并不是重要的参数。这里起决定作用的是劳工成本。低工资水平或许是一种诱惑，但是若低工资水平与低劳动生产率像孪生兄弟一样联系在一起，则有可能抵消低工资水平所带来的收益。同样，劳工供应的短缺，也会导致工资标准今后上升到超出地区调查时的标准。

（6）建筑成本和土地成本。不同的设施选址方案，在土地的征用、赔偿、拆迁、平整上所花费是不同的。一般来说，应尽可能避免占用农业用地，而尽量选取不适于耕作的土地作为工业设施的地址。同样，不同方案的建筑成本往往也不相同，高建筑成本导致未来产品成本中固定成本部分加大，于竞争不利。

2. 主要的非成本因素

（1）社区的情况。服务行业的地点往往接近于顾客。对于一家百货商店或是一家冷饮店来说，位于客流量大的繁华商业区也许就是成功的先兆；而一家位于人口密度大的居民区的理发店，就有可能获得稳定的客源；主要公路上的汽车流量将直接影响路旁的加油站的业务量大小。对于服务性行业来说，周围环境的客流量、购买力水平、人口密度，将直接影响设施选址问题。就制造行业而言，周围的文化娱乐设施、公用设施条件，以及服务网点状况，住房及教育情况将直接影响职工的生活条件，偏僻的山郊荒野难以吸引人员前来工作。企业为弥补生活娱乐设施缺乏所带来的职工生活不便，将不得不在这方面进行额外投资。

（2）气候和地下环境。有些行业受地理环境要求的限制。造船厂应位于海边，以便造好的船只从船坞直接下水；一般制造厂要求土地表面平坦，易于平整施工，如选择稍有坡度的地方，则可利用斜面，便于搬运和建造排水系统；在地震断裂层地带、下沉性地带、地下有稀泥或流沙，以及在可开采的矿坑或已开采过的矿坑上和有地下工程的区域应慎重选址。土壤结构应能承担工厂的全部载重。

气温对于产品和作业人员均要产生影响，气温过冷或过热都将增加气温调节的费用，潮湿多雨的地区不适合棉纺、木器、纸张的加工。

（3）环境保护。生产系统的产出包括产品也包括废物。环境保护问题日益受到人们的重视，近年的毒气泄漏事件和核电站事故使人类得到血的教训。生产系统直接形成的污染包括空气污染、水污染、噪声污染等。各国和各地区纷纷制定了保护当地居区及生态环境的各种环境保护法规。民间组织也活动频繁。同时，受污染危害的工人也对企业构成极大的压力。因此，在设施选址过程中应充分考虑到环境保护的因素，应便于进行污染处理。

（4）当地政府的政策。有些地区采取鼓励在当地投资建厂的政策，在当地划出工业区及各种经济开发区，低价出租或出售土地、厂房、仓库，并在税收、资本等方面提供优惠政策，同时，这些地区的基础设施情况往往很好，交通、通信、能源、用水均很便利。专门的工业区如高技术产业开发区、服装纺织工业区、还有利于行业的相互刺激发展。

流程3　开展选址调研

通过实地考察、咨询专业人士等方式展开调研。

（1）调查该建筑物的条件是否符合本企业的经营要求。

_____

_____。

（2）收集该场所的资料和信息。

_____

_____。

（3）观察该经营场所的各方面情况，如车流量和人流量。

_____

_____。

（4）调查竞争对手。

_____

_____。

（5）调查经营场所辐射范围的人口分布情况及人口数量。

_____

_____。

（6）估算该经营场所可能带来的收益和所花的费用。

_____

_____。

流程 4　整理调研成果

将调研结果整理成初步方案，进行评选，见表 12-2。

表 12-2　选址方案汇总

地址	因素 1	因素 2	因素 3	因素 4	因素 5	因素 6	因素 7
地址 1							
地址 2							
地址 3							
……							

流程 5　确定选址方案

从企业经济效益、社会效益、现实效益和长远利益出发，组织相关领导和专家，对备选地点进行全面评析，选取最佳方案。

> **要点提示**
>
> #### 企业选址技巧
>
> **1. 路口店的利弊**
>
> 利：其实由主干道延伸出的巷弄内，也有许多适合开店的地点。一般评估巷道内的黄金店面，多使用漏斗理论，指的就是同一个街口有数家三角窗商店，消费者通常会在回家的路程中顺道消费。因此，位于干道转进巷弄的第一家商店，会像漏斗一样，最先吸引消费者入店。理想的黄金地点应该是下班路线右边的地点。
>
> 弊：大马路黄金地段也可能成为商店经营的死穴。首先，随着车流量的不断增大，紧邻大马路或主干道而带来的噪声、废气污染，与绿色、生态、环保、健康的流行居住趋势背道而驰。这是路边店的最大致命伤。其次，路边店由于受市政规划不确定因素的影响，遭受拆迁等的未来风险要大得多。政府对城市改造、规划的不断深入，越来越多的道路会面临着拓建、改造的可能。在这种情况下，最容易受影响的无疑就是紧贴在马路边的路边店了。
>
> **2. 拐角的位置较理想**
>
> 交叉路口一般是指十字路口和三岔路口，由此形成的拐角的位置往往是很理想的，一般来说在这种交接地，商店建筑的能见度大，可以产生拐角效应。拐角位置的优点是：可以增加橱窗陈列的面积。两条街道的往来人流汇集于此，有较多的过路行人光顾；可以通过两个

以上的入口缓和人流的拥挤。由于商店位置面临两条街，选择哪一面作为自己商店的正门，则成为一个十分重要的问题。一般的做法是，选择交通流量大的街道作为商店的正门，即店面；而交通流量小的街道一面则作为侧门。但在选择十字路口的哪一侧时，则要认真考察道路两侧，通常要对每侧的交通流向及流量进行较准确的调查，应选择流量最大的街面作为商店的最佳位置和店面的朝向。如果是三岔路口，最好将商店设在三岔路口的正面，这样店面最显眼；但如果是丁字路口，则将商店设在路口的转角处，效果更佳。同时，并非行人越多越兴隆，理想的黄金地点应该是下班路线右边的地点。

3. 同行密集生意好

同行密集客自来，这是经商古训。在商业经营中，在某一些街道或地点，集中经营同一类商品，以其商品品种齐、服务配套完善为特色，可吸引大量慕名而来的顾客。这种经营方法对生产者、消费者都有利，对商品经营者更是适应市场需要的一种高明的竞争举措。

4. 商店选址与路面、地势、地形的关系

一般情况下，商店选址都要考虑所选位置的道路及路面地势情况，因为这会直接影响商店的建筑结构和客流量。通常，商店地面应与道路处在一个水平面上，这样有利于顾客出入店堂，是比较理想的选择。但在实际选址过程中，路面地势较好的地段地价都比较高，商家在选择位置时竞争也很激烈，所以，在有些情况下，商家不得不将商店位置选择在坡路上或路面与商店地面的高度相差很多的地段上。这种情况，最重要的就是必须考虑商店的入口、门面、阶梯、招牌的设计等，一定要方便顾客，并引人注目。

5. 走向情况

走向是指商店所选位置顾客流动的方向。比如，我国的交通管理制度规定人流、车流均靠右行驶，所以人们普遍养成右行的习惯，这样，商店在选择地理位置进口时就应以右为上。如商店所在地的道路如果是东西走向的，而客流又主要从东边来，则以东北路口为最佳方位；如果道路是南北走向，客流主要是从南向北流动，则以东南路口为最佳。

实训 12.3　企业注册

实训目标

（1）了解企业注册步骤。
（2）掌握企业创办流程。

实训流程

流程 1　准备材料

需要准备的材料如下。
（1）公司法定代表人签署的《公司设立登记申请书》。
（2）全体股东签署的公司章程。

（3）法人股东资格证明或者自然人股东身份证及其复印件。

（4）董事、监事和经理的任职文件及身份证复印件。

（5）指定代表或委托代理人证明。

（6）代理人身份证及其复印件。

（7）住所使用证明。

注：住所使用证明材料的准备，分为以下三种情况。

①若是自己房产，需要房产证复印件、自己的身份证复印件。

②若是租房，需要房东签字的房产证复印件、房东的身份证复印件、双方签字盖章的租赁合同和租金发票。

③若是租的某个公司名下的写字楼，需要该公司加盖公章的房产证复印件、该公司营业执照复印件、双方签字盖章的租赁合同，还有租金发票。

流程2　公司注册流程

1. 公司名称

常见的公司名称一般有3种形式，不同形式之间并没有本质区别，注册时任选其一即可，如地区+字号+行业+组织形式、字号+地区+行业+组织形式、字号+行业+地区+组织形式等。建议在起名时，将字号在"国家企业信用信息公示系统"上查询是否已经被注册，尽量保证没有重名，这样通过率会高一些。按照上述要求，想一些自己比较满意的公司名字，写下来。分组进行讨论。

_____

_____。

> **要点提示**
>
> **公司注册步骤**
>
> 公司注册步骤如下。
>
> 第一步：核准名称。
>
> 时间：1~3个工作日。
>
> 操作：确定公司类型、名字、注册资本、股东及出资比例后，可以去工商局现场或线上提交核名申请。
>
> 结果：核名通过，失败则需重新核名。
>
> 第二步：提交材料。
>
> 时间：5~15个工作日。
>
> 操作：核名通过后，确认地址信息、高管信息、经营范围，在线提交预申请。在线预审通过之后，按照预约时间去工商局递交申请材料。
>
> 结果：收到准予设立登记通知书。
>
> 第三步：领取执照。
>
> 时间：预约当天。
>
> 操作：携带准予设立登记通知书、办理人身份证原件，到工商局领取营业执照正、副本。

结果：领取营业执照。

第四步：刻章等事项。

时间：1~2个工作日。

操作：凭营业执照，到公安局指定刻章点办理：公司公章、财务章、合同章、法人代表章、发票章。

至此，一个公司注册完成。

2. 确定公司类型

无论你在注册方面有没有经验，在注册一个新公司之前，首先需要确定公司的类型。

_____

_____。

3. 确定注册资本

注册资本是全体股东出于公司经营需要，提供或承诺提供给公司的资金总数。

_____

_____

_____。

 要点提示

注册资本

（1）注册资本并不需要一次缴清。我国目前实行注册资本认缴制，认缴制的意思就是：注册资本不用在一开始就全部缴纳完成，而是只要在承诺的时限内（一般为1~20年）缴完即可，这极大地降低了公司注册时的资金压力。

（2）公司注册资本写多少，要参考所在行业资质要求。例如，互联网公司申请ICP经营许可证时，ICP经营许可证要求公司注册资本在100万元以上；天猫对大多数类目的入驻商家标准也是100万元以上。其他需要资质/资格的，要参照本行业一般的做法。

（3）注册资本越大，承担的风险/责任就越大。举个例子，比如一家注册资本为100万元的公司，后来公司经营不善，欠了1 000万元的外债，股东最多只需用100万元的出资额来承担责任，超出的部分就和股东没关系了。但如果这家公司的注册资本是1 000万元，那么就要承担全部1 000万元的责任。

所以，注册资本并不是越大越好，大部分互联网创业者走的是股权融资的路子，最重要的是股权比例，而不是注册资本。根据自己的实际情况，设定一个合理的注册资本，才是最理智的选择。

（4）什么是验资报告，需要做吗？之前在实缴制的时候，注册资本是需要验资报告的。现在认缴制已经基本不需要了，只有少数情况会用到。例如：参加招投标项目，招标方要求出具验资报告；与规模比较大的企业合作，对方为了确认你的公司实力，也会要求出具验资报告。如果需要用到验资报告，可以在注册资本实缴完成后，找会计师事务所来出具。

（5）公司注册资本的增减。根据《中华人民共和国公司法》的有关规定，我国按照资本确定、资本维持、资本不变三原则，要求公司必须保持注册资本的相对稳定，同时对公司

增加或减少注册资本规定了具体的条件和程序。

4. 确定股东及出资金额

股东是公司的主人,由股东组成的股东大会是公司的最高权力机构。

出资金额,即股东在工商注册登记时股东要认缴的资金。通常我们会把一个股东出资金额占总注册资本的比例,当成这个股东所占的股权比例。

一般在创业初期,建议股东的人数不要太多,避免因股东过多而导致权力分散。对于"早期核心员工"和"小股东",建议使用"股权代持协议"进行代持,不进入工商局公示的股东名单中,这样操作可以在保障权益的同时简化股权架构。一个简单、健康的股权结构有利于公司顺利融资,以及快速完成工商登记和变更等事项。

股东的出资金额涉及公司的股权结构,是在准备公司注册阶段最需要认真思考决定的事项。

选择好股东后填入表12-3中。

表12-3 股东情况表

股东	出资金额
股东1	
股东2	
股东3	
股东4	
股东5	

5. 确定注册地址

注册地址就是在公司营业执照上登记的"住址",不同的城市对注册地址的要求也不一样,具体应以当地工商局的要求为准。

_____
_____。

> **要点提示**

各地对注册地址的要求,主要分为以下几类。

(1) 北京等地。只允许在写字楼、商铺等商业地产注册公司。

(2) 深圳、广州等一些沿海经济比较发达的地方。民居也可以进行注册。

(3) 上海等地。居于两种之间。上海虽然只允许商业地产注册公司,但实质上政府作为第三方特批了很多经济园区、开发区,这些开发区能够为公司提供合法注册地址。

备注:

①创业初期如果资金紧张,可以选择入驻创业孵化器(集中办公区),使用它们的注册地址。

②公司注册地址是可以变更的,但跨城区的税务变更会比较麻烦。所以,在选择注册地址时,最好先确定好城区。

6. 确定经营范围

经营范围是企业可以从事的生产经营与服务项目。它反映的是企业业务活动的内容和生产经营方向，是企业业务活动范围的法律界限。

初次注册公司，不知道如何确定经营范围时，可以直接参考行业内同类公司。

_____

_____。

7. 确定高管

确定企业高层人员见表12-4。

表12-4 确定企业高层人员

职位	人员	职责
董事/董事长/执行董事		
法定代表人		
监事		

8. 经营许可证

一些特殊行业的公司注册是需要取得相应部门的许可之后才能设立的（例如ICP经营许可证即《电信与信息服务业务经营许可证》就需要当地通信管理部门核发），这种许可分为前置许可和后置许可。现在，前置许可越来越少，后置许可越来越多，对需要设立这些行业的公司的人来说，这就更加方便了。

> **要点提示**
>
> **股份有限公司、个体工商户的申请材料**
>
> **1. 股份有限公司**
>
> （1）《公司登记（备案）申请书》。
>
> （2）《指定代表或者共同委托代理人授权委托书》及指定代表或委托代理人的身份证件复印件。
>
> （3）由会议主持人和出席会议的董事签署的股东大会会议记录（募集设立的提交创立大会的会议记录）。
>
> （4）全体发起人签署或者出席股东大会或创立大会的董事签字的公司章程。
>
> （5）发起人的主体资格证明或者自然人身份证件复印件。
>
> ①发起人为企业的，提交营业执照复印件。
>
> ②发起人为事业法人的，提交事业法人登记证书复印件。
>
> ③发起人股东为社团法人的，提交社团法人登记证复印件。
>
> ④发起人为民办非企业单位的，提交民办非企业单位证书复印件。
>
> ⑤其他发起人提交有关法律、法规规定的资格证明。
>
> （6）募集设立的股份有限公司提交依法设立的验资机构出具的验资证明，涉及发起人首次出资是非货币财产的，提交已办理财产权转移手续的证明文件。

（7）董事、监事和经理的任职文件及身份证件复印件。

依据《中华人民共和国公司法》和公司章程的规定，提交由会议主持人和出席会议的董事签署的股东大会会议记录（募集设立的提交创立大会的会议记录）、董事会决议或其他相关材料。其中，股东大会会议记录（创立大会会议记录）可以与第3项合并提交；董事会决议由公司董事签字。

（8）法定代表人任职文件（公司董事签字的董事会决议）及身份证件复印件。

（9）《企业名称预先核准通知书》。

（10）募集设立的股份有限公司公开发行股票的应提交国务院证券监督管理机构的核准文件。

（11）法律、行政法规和国务院决定规定设立股份有限公司必须报经批准的，提交有关的批准文件或者许可证件复印件。

（12）公司申请登记的经营范围中有法律、行政法规和国务院决定规定必须在登记前报经批准的项目，提交有关批准文件或者许可证件的复印件。

（13）《承诺书》。

（14）住所使用证明。

住所使用证明材料的准备，分为以下三种情况。

①若是自己房产，需要房产证复印件、自己的身份证复印件。

②若是租房，需要房东签字的房产证复印件、房东的身份证复印件、双方签字盖章的租赁合同和租金发票。

③若是租的某个公司名下的写字楼，需要该公司加盖公章的房产证复印件、该公司营业执照复印件、双方签字盖章的租赁合同，还有租金发票。

2. 个体工商户

（1）经营者签署的《个体工商户开业登记申请书》。

（2）经营者的身份证复印件；申请登记为家庭经营的，以主持经营者作为经营者登记，由全体参加经营家庭成员在《个体工商户开业登记申请书》经营者签名栏中签字予以确认。提交居民户口簿或者结婚证复印件作为家庭成员亲属关系证明；同时提交其他参加经营家庭成员的身份证复印件，对其姓名及身份证号码予以备案。

（3）申请登记的经营范围中有法律、行政法规和国务院决定规定必须在登记前报经批准的项目，应当提交有关许可证书或者批准文件复印件。

（4）经营场所使用证明。个体工商户以自有场所作为经营场所的，应当提交自有场所的产权证明复印件；租用他人场所的，应当提交租赁协议和场所的产权证明复印件；无法提交经营场所产权证明的，可以提交市场主办方、政府批准设立的各类开发区管委会、村居委会出具的同意在该场所从事经营活动的相关证明。

（5）委托代理人办理的，还应当提交经营者签署的《委托代理人证明》及委托代理人身份证复印件。

以上各项未注明提交复印件的，应当提交原件；提交复印件的，应当注明"与原件一致"并由个体工商户经营者或者由其委托的代理人签字。

实训 12.4　商标注册

实训目标

（1）了解商标法。
（2）掌握商标注册步骤。

实训流程

流程 1　商标注册步骤

1. 注册准备

（1）商标在注册前先行查询工作。商标注册申请人或其代理人在提出注册申请前，可先行查询权利商标有无相同或近似的商标。商标查询不是注册商标的必经程序，但此工作可以大大减少商标注册的风险，提高商标注册的把握性。在查询过程中，会受数据处理及商标申请审查期等原因的影响，使得部分在先申请的商标无法进入数据库，因此无法查询检索到该部分信息。另外，商标查询与审查工作由不同人员承担，而查询人员与不同审查人员的审查在观点上可能出现不同的意见，因此，商标查询的结果不能当作法律依据，不具备法律效力。所以，注册商标之前查询只是减少部分商标注册中的风险，不是全部的。查询后商标注册还是存在风险的。

（2）申请商标资料的准备。

①公司作为申请人来申请注册，需出示企业《营业执照》副本及提供经发证机关签章的《营业执照》复印件，盖有单位公章及个人签字的填写完整的商标注册申请书。

②商标图样 10 张（指定颜色的彩色商标，应交着色图样 10 张，黑白墨稿 1 张）。提供的商标图样必须清晰，便于粘贴，用光洁耐用的纸张或照片代替，长和宽不大于 10 厘米，不小于 5 厘米。商标图样方向不清的，应用箭头标明上下方，也可以用电子格式作为申请材料。

③准备相应的注册费用：注册的商标规费为 1 000 元+700~1 000 元的商标代理费（网上申请费用一般低于纸质申请）。

2. 申请注册

（1）只有具有以下条件的个人或团体才可在我国提出商标申请。商标注册申请人必须是：依法成立的企业、事业单位、社会团体、个体工商业者、个人合伙或者与中国签订协议或与中国共同参加国际条约或按对等原则办理的国家的外国人或者外国企业。需要取得商标专用权时，按照自愿的原则，向商标局提出商标注册申请。

（2）按商品与服务分类提出申请。目前，我国商标法执行的是商品国际分类，它把一万余种的商品和服务项目分为 45 个类，其中，商品 34 个类，服务项目 11 个类。申请商标注册时，应按商品与服务分类表的分类确定使用商标的商品或服务类别。同一申请人在不同类别的商品上使用同一商标的，应当按商品分类在不同类别提出注册申请，这样可以避免商标权适用范围的不正当扩大，也有利于审查人员的核准和商标专用权的保护。

（3）商标申请日的确定。确立申请日十分重要，由于我国商标注册采用申请在先原则，一旦发生纠纷，申请日的先后将成为确定商标权的法律依据，商标注册的申请日以商标局收到申请书件的日期为准。

3. 商标审查

商标审查是指商标注册主管机关对商标注册申请是否合乎商标法的规定所进行的检查，具体包括资料检索、分析对比、调查研究并决定给予初步审定或驳回申请等一系列活动。

4. 初审公告

商标注册申请经审查后，对符合《商标法》有关规定的，做出允许其注册的决定，并在《商标公告》中予以公告。初步审定的商标自刊登初步审定公告之日起 3 个月没有人提出异议的，该商标予以注册，同时刊登注册公告。

5. 注册公告

由商标注册申请人提出申请，经商标局审查后予以初步审定公告，3 个月内没有人提出异议或提出异议经裁定不成立的，该商标即注册生效，受法律保护，商标注册人享有该商标的专用权。一个商标从申请到核准注册，大约需 1 年至 1 年半时间。注册商标的有效期限为 10 年，自核准注册之日起计算，注册商标有效期满，需要继续使用的，可以申请商标续展注册。

6. 领取商标注册证

通过代理的由代理人向商标注册人发送《商标注册证》。

直接办理商标注册的，商标注册人应在接到《领取商标注册证通知书》后 3 个月内到商标局领证，同时还应携带以下资料：

（1）领取商标注册证的介绍信。

（2）领证人身份证及复印件。

（3）营业执照副本原件，复印件应加盖当地工商部门的章戳。

（4）领取商标注册证通知书。

（5）商标注册人名义变更的需附送工作部门出具的变更证明。

商标注册申请时间：一件新申请商标从申请到发证一般需要 1 年半左右时间，其中申请受理和形式审查约需 1 个月时间，实质审查约 1 年时间，异议期 3 个月时间，核准公告到发证约 2 个月时间。

7. 商标注册环节中的几个风险点

在注册商标时分别在以下环节会出现风险。

（1）实质审查时被驳回申请。

（2）初步审定公告（商标公示）期间，有异议提出。

（3）注册商标争议：核准商标后（已经发证），出现争议商标。

要点提示

1. 驳回申请

商标局在实质审核时,根据相关法律、程序、申请材料确定该商标申请是否给予通过或驳回申请。申请人如收到驳回申请,需要决定放弃该商标注册或在规定时间内(收到驳回通知之日起15天)向商标局提出驳回复审的议案。

商标局接到驳回复审后,裁定是否给予初步审定公告还是维持驳回申请。申请人接到维持驳回裁定通知后,可接受裁定或向人民法院上诉,作为最终裁定。

2. 初步审定公告(商标公示)

初步审定公告(商标公示)期间,有异议提出。在接到商标局提出的异议内容后,可选择答辩或不予理睬。结束公示后,由商标局裁定异议是否生效。生效后的程序操作:提出异议复审或终止,提出异议复审,商标局裁定通过核准注册,不核准可上诉法院或终止。

3. 注册商标争议

发放商标注册证后的5年时间内,如出现有争议的相似注册商标,可向商标局提出裁定。另外,目前法律上没有规定相关机构复审、上诉的审理时间期限。因此如果进入该程序,时间有可能会很长。

8. 注册商标代理机构费用

(1)商标前期查询。根据代理机构不同,费用在免费、100~300元不等(文字或图形查询)。

(2)商标注册费用。商标局注册费用为1 000元+700~1 000元,每个申请可选择1个大类别(如29、30)和类别中10个组(如组2901、2910)。

(3)注册商标的注册类别数量不受限制。每增加一个类别,需要另申请一份申请。

(4)每增加一个小类别需要增加100~300元。

(5)在注册中出现波折,如遇到商标被驳回后提出复审;公示时出现异议申请人需要答辩等情况,需要代理机构代为操作的费用另外收取。一般为商标局1 000元+代理机构1 500元以上。

9. 申请注册商标期间的商标使用

"™"是"商标"的英文"trademark"的缩写,起提示性作用,通常在一些标志的右上角或右下角,"™"表明声明该标志是作为商标使用的。

"®"是"注册"的英文"register"的缩写,通常在一些标志的右上角或右下角,起提示性作用。"®"则表明该标志已经是注册商标,享有商标专用权。

我国法律对"®"的使用有明确的规定,但对"™"的使用和管理没有规定,只要是经营者想告知他人某标志是其作为商标使用的标志,无论该标志是否申请商标注册,都可以使用"™"标识。

"®"作为注册商标特殊符号,只有在商标正式注册后才能标注,否则就是假冒商标,会受到处罚。带"™"标识的商标如果跟已注册商标相同或近似，则构成对其他商标的侵权，也会受到处罚。还有，带"™"标识的商标如果不及时注册，其他企业抢注了这个商标，那么他人抢注的商标正式注册后，这家企业也不能再使用这个带"™"标识的商标，否则就构成侵权。因此，在接到国家商标局已经下发了的《商标注册受理通知书》，即《商标注册受理通知书》到拿到注册商标证之前期间，使用"™"标识的已申请商标注册的商标在法律上不受保护，也不具备此期间他人使用该相同商标的追溯权。除非他人在申请人拿在证书后继续使用该商标，而追溯侵权也能从在证书签发日开始算起。

10. 注册商标形式

商标可以注册成文字、图形（logo），也可以是注册形式的组合。

（1）文字商标注册。所谓文字商标就是指纯粹使用文字（汉字、汉语拼音、少数民族文字和外国文字或字母）、数字所构成的商标。

一旦文字商标注册成功后，文字商标就将受到注册时使用的字体、形式的约束，不能做大幅更改，比如黑体注册的不能用楷体，简体不能变更成繁体，大写不能变成小写等。以上说的变更情况是指在作为商标的情况下（也就是加"®"）。

（2）图形商标注册。图形商标就是由各种图形构成的商标。在使用图形所构成的商标时，不得使用《中华人民共和国商标法》第十条、第十一条中所禁止使用的图形。由于图形设计的表达方式千变万化，即使是同一事物对象，都可以被设计成有一定区别的不同图案，而被应用在不同的图形商标中。此外，由于每个人对图形的直观感觉不同，会造成不同的主观判断结果，因此，如果没有独创性的图案设计的话，纯粹图形商标在注册前审查及注册后保护的难度方面较文字商标来说要大一些。

（3）文字商标和图形商标集合或分开注册。目前一些公司将自己的商标分别注册成文字商标和图形商标，在实际使用时可结合使用。这样不仅有效化解了商标注册的风险，提高了核准率；而且商标的使用形式也更加灵活，单独出现受保护，组合使用也不违法。还有一点至关重要，如果企业的商标形式不能适应企业发展，其中一部分需要有所改动时，也不会造成"牵一发而动全身"的后果。如果为了使图形商标的形式更加容易通过，可以文字加图形一起申请注册。

要点提示

商标设计的原则

商标设计（Trademark Design）必须符合商品销售国家和地区的法律规定和风俗习惯，尊重其国家主权和民族特点，这已成为各国企业商标设计的原则。商标设计不单纯是一般工艺美术的问题，不能只追求商标的美观与实用，同时要严密地考虑设计的合法性、使用后的法律后果及其对企业国际市场营销活动的影响。

1. 商标设计的法律要素

商标设计的法律要素包括以下几个方面。

（1）商标的构成。各国法律对商标构成的规定不尽相同。如独联体国家规定，商标构成要素可以是文字、图形、立体，组合或其他各种形式，美国商标法规定，任何文字、符号或标志，或者这类事物的组合都可以作为商标的构成要素。目前，国际上有少数国家把包装和容器的特殊式样也列为商标的构成要素，允许注册。

由于商标竞争越来越激烈，国外一些厂家在商标设计上千方百计地标新立异，招徕顾客，他们推出了气味商标、音响商标、电子数据商标、传输商标等，有的国家如罗马尼亚的商标法已规定颜色、产品形状或其包装、音响等都可作为法定的商标构成要素。但绝大多数国家尚未对上述形式的商标实行法律保护。

《中华人民共和国商标法》第八条规定任何能够将自然人、法人或者其他组织的商品与他人的商品区别开的标志，包括文字、图形、字母、数字、三维标志、颜色组合和声音等，以及上述要素的组合，均可以作为商标申请注册。

（2）商标的显著特征。商标所具有的独特性或可识别性就是显著特征，无论是文字、图形还是文字、图形的组合，都要立意新颖、独具风格，具有足以与其他同类商标相区别的特点。

（3）商标的颜色。商标的颜色对于商标来说具有不可忽视的意义。颜色不是商标的法定构成要素，一般不能独立作为商标构成的要素。但是颜色是商标整体的一部分，是一种商标区别于他种商标的重要标志之一。

商标在注册后如需变更颜色，则视为变更商标图形，必须重新申请注册。由于商标色彩对提高广告宣传效率有重要意义，许多驰名商标在注册时对颜色都做了指定。

（4）商标的文字、图形。一些文字、图形是禁止用作商标的，各国在禁用商标方面有不同的规定，应注意其差别性。由于各国风土人情、社会文化背景不同，有些在一国常用或为消费者所喜爱的商标，在另一些国家就未必适宜使用。在商标设计方面，似乎已形成一种国际规范，即在选择商标的文字、图形和色彩时，避免采用销售国禁用的或消费者忌讳的东西。

如瑞典的国旗为蓝色，该国禁用蓝色作为商标，如果用蓝色做商标就会被认为是对他们国家的不尊重，自然就难以获准注册。阿拉伯国家禁忌黄色，法国人认为黑桃是死人的象征。采用这一图形的商标将不能获准注册。意大利人把菊花当作国花，日本人把菊花视为皇家的象征，都不接受以菊花的文字和图形作为注册商标，而拉丁美洲国家则将菊花视为妖花，也不允许采用菊花图形的商标注册。澳大利亚禁忌用兔的图形做商标。西方国家禁用黑猫的图形做商标。印度及阿拉伯国家禁用猪的图形做商标。伊斯兰教国家对违反伊斯兰教传统和教义的标志都不准用于商标。使用英语和英属国家禁用大象的图形做商标，当地居民认为大象大而无用，因担心消费者不欢迎，这些国家的代销商不敢购进中国"白象牌"电池。玫瑰花在印度和欧洲一些国家作为悼念品，不能作为商标。非洲一些国家禁忌熊猫图形。阿拉伯国家和信奉伊斯兰教的国家和地区不准以类似以色列国旗图案的六角形图案为商标的商品进口，雪花图形是六角形，也不能用作商标。英国人用山羊比喻"不正经的男子"，因此，我国出口的"山羊牌"闹钟肯定不受该国消费者欢迎。化妆品"芳芳"的汉语拼音为"Fang"，在英语中它的意思为"毒蛇牙"或"狼牙"，使人感到不快。在英语中，雄鸡

(Cock)意味着下流,以雄鸡作为商标,影响不佳。三角形是国际上通用的警告性标志,捷克人以红三角为有毒的标记;而在土耳其,绿三角表示"免费的样品",这一图形也应慎用。

2. 商标的名称

许多国家禁用地理名称作为商标,因为地理名称往往被认为缺乏显著特征。

3. 商标的版权保护

商标的版权保护包括对具有财产意义的商标权利的保护和与特定的人的身份密切。

流程 2　设计商标

根据实训 12.3,为自己"注册"的企业设计一款商标。

项目 13

创新产品设计

项目导读

所谓新产品，是指采用新技术原理、新设计构思研制、生产全新产品，或在结构、材质、工艺等产品，或在结构、材质、工艺等某一方面比原有产品有明显改进，从而显著提高了产品性能或扩大了产品使用功能的产品。从市场营销的角度看，凡是企业向市场提供的过去没有生产过的产品，只要在产品整体中的任何一个部分有所创新、改革和改变，并且给消费者带来新的利益、新的满足的产品，都可以认为是一种新产品。它可以是全新的产品，也可以是以往旧产品所没有的新功能、新特色、新材料、新结构、新用途、新市场等。新产品的认定范围非常广泛，包括因科学技术进步而发明创造的科技新产品，采用新技术原料或新设计构思从而显著改变产品形态、提高产品性能或扩大使用功能的产品，以及从原有市场进入新市场的产品等。

新产品开发是指从研究选择适应市场需要的产品开始到产品设计、工艺制造设计，直到投入正常生产的一系列决策过程。从广义而言，新产品开发既包括新产品的研制也包括原有老产品的改进与换代。新产品开发是企业研究与开发的重点内容，也是企业生存和发展的战略核心之一。

实训 13.1 新产品策划

实训目标

(1) 了解新产品开发的分类。
(2) 掌握新产品的策划方法。

实训流程

流程 1 调查阶段

进行前期调查，确定产品设计依据，并将其填入表 13-1。

表 13-1 调查表

新产品设计因素	新产品构想
市场需求	
产品构思	
新产品结构原理	
新产品功能原理	
新产品功能设想	
新产品材料设想	
新产品工艺开发设想	

要点提示

新产品开发的程序

新产品开发是一项极其复杂的工作，从根据用户需要提出设想到正式生产产品投放市场为止，其中经历许多阶段，涉及面广、科学性强、持续时间长，因此必须按照一定的程序开展工作，这些程序之间互相促进、互相制约，才能使产品开发工作协调、顺利地进行。产品开发的程序是指从提出产品构思到正式投入生产的整个过程。由于行业的差别和产品生产技术的不同特点，特别是选择产品开发方式的不同，新产品开发所经历的阶段和具体内容并不完全一样。现以加工装配性质企业的自行研制产品开发方式为对象，来说明新产品开发需要经历的各个阶段。

1. 调查研究阶段

发展新产品的目的是满足社会和用户需要。用户的要求是新产品开发选择决策的主要依据，为此必须认真做好调查计划工作。这个阶段主要是提出新产品构思及新产品的原理、结构、功能、材料和工艺方面的开发设想和总体方案。

2. 新产品开发的构思创意阶段

新产品开发是一种创新活动，产品创意是开发新产品的关键。在这一阶段，要根据社会调查掌握的市场需求情况及企业本身条件，充分考虑用户的使用要求和竞争对手的动向，有针对性地提出开发新产品的设想和构思。产品创意对新产品能否开发成功有至关重要的意义和作用。企业新产品开发构思创意主要来自三个方面：①来自用户。企业着手开发新产品，首先要通过各种渠道掌握用户的需求，了解用户在使用旧产品过程中有哪些改进意见和新的需求，并在此基础上形成新产品开发创意。②来自本企业职工。特别是销售人员和技术服务人员，经常接触用户，用户对旧产品的改进意见与需求变化他们都比较清楚。③来自专业科研人员。科研人员具有比较丰富的专业理论和技术知识，要鼓励他们发扬这方面的专长，为企业提供新产品开发的创意。此外，企业还通过情报部门、工商管理部门、外贸等渠道，征集新产品开发创意。

新产品创意包括三个方面的内容：产品构思、构思筛选和产品概念的形成。

（1）产品构思。产品构思是在市场调查和技术分析的基础上，提出新产品的构想或有关产品改良的建议。

（2）构思筛选。并非所有的产品构思都能发展成为新产品。有的产品构思可能很好，但与企业的发展目标不符合，也缺乏相应的资源条件；有的产品构思可能本身就不切实际，缺乏开发的可能性。因此，必须对产品构思进行筛选。

（3）产品概念的形成。经过筛选后的构思仅仅是设计人员或管理者头脑中的概念，离产品还有相当的距离。还需要形成能够为消费者接受的、具体的产品概念。产品概念的形成过程实际上就是构思创意与消费者需求相结合的过程。

3. 新产品设计阶段

新产品设计是指从确定产品设计任务书起到确定产品结构为止的一系列技术工作的准备和管理，是产品开发的重要环节，是产品生产过程的开始，必须严格遵循"三段设计"程序。

（1）初步设计阶段。初步设计一般是为下一步技术设计做准备。这一阶段的主要工作就是编制设计任务书，让上级对设计任务书提出体现产品合理设计方案的改进性和推荐性意见，经上级批准后，作为新产品技术设计的依据。它的主要任务在于正确地确定产品最佳总体设计方案、设计依据、产品用途及使用范围、基本参数及主要技术性能指标、产品工作原理及系统标准化综合要求、关键技术解决办法及关键元器件，特殊材料资源分析、对新产品设计方案进行分析比较，运用价值工程，研究确定产品的合理性能（包括消除剩余功能）及通过不同结构原理和系统的比较分析，从中选出最佳方案等。

（2）技术设计阶段。技术设计阶段是新产品的定型阶段。它是在初步设计的基础上完成设计过程中必需的试验研究（新原理结构、材料元件工艺的功能或模具试验），并写出试验研究大纲和研究试验报告；作出产品设计计算书；画出产品总体尺寸图、产品主要零部件图，并校准；运用价值工程，对产品中造价高的、结构复杂的、体积笨重的、数量多的主要零部件的结构、材质精度等选择方案进行成本与功能关系的分析，并编制技术经济分析报告；绘出各种系统原理图；提出特殊元件、外购件、材料清单；对技术任务书的某些内容进行审查和修正；对产品进行可靠性、可维修性分析。

(3) 工作图设计阶段。工作图设计的目的是在技术设计的基础上完成供试制（生产）及随机出厂用的全部工作图样和设计文件。设计者必须严格遵守有关标准、规程和指导性文件的规定，设计绘制各项产品工作图。

4. 新产品试制与评价鉴定阶段

新产品试制阶段又分为样品试制和小批试制阶段。

(1) 样品试制阶段。样品试制的目的是考核产品设计质量，考验产品结构、性能及主要工艺，验证和修正设计图纸，使产品设计基本定型，同时也要验证产品结构工艺性，审查主要工艺上存在的问题。

(2) 小批试制阶段。小批试制阶段的工作重点在于工艺准备，主要目的是考验产品的工艺，验证它在正常生产条件下（在生产车间条件下）能否保证所规定的技术条件、质量和良好的经济效果。

试制后，必须进行鉴定，对新产品从技术上、经济上作出全面评价。然后才能得出全面的定型结论，投入正式生产。

5. 生产技术准备阶段

在生产技术准备阶段应完成全部工作图的设计，确定各种零部件的技术要求。

6. 正式生产和销售阶段

在正式生产和销售阶段，不仅需要做好生产计划、劳动组织、物资供应、设备管理等一系列工作，还要考虑如何把新产品引入市场，如研究产品的促销宣传方式、价格策略、销售渠道和提供服务等方面的问题。新产品的市场开发既是新产品开发过程的终点，又是下一代新产品再开发的起点。通过市场开发，可确切地了解开发的产品是否适应需要及适应的程度；分析与产品开发有关的市场情报，可为开发产品决策、为改进下一批（代）产品、为提高开发研制水平提供依据，同时还可取得有关潜在市场大小的数据资料。

流程 2　新产品策划书

根据流程 1 的产品构想，填写表 13-2，根据所填内容，整理出一份新产品策划书。

表 13-2　新产品策划内容

项　目	内　容
产品分析	
市场分析	
消费者分析	
价格分析	
媒体投入策略	
广告创意策略	

续表

项 目	内 容
执行时间表	
涉及人员	
策划费用	

要点提示

新产品的类型

新产品分为全新产品、换代新产品、改进新产品和仿制新产品，这里分别叙述如下。

1. 全新产品

全新产品是指企业利用新工艺、新技术、新材料制造出以前从来没有，能满足消费者新需求的产品。全新产品一般是由于科技进步或为满足市场上出现的新的需求而发明的产品，具有明显的新特征和新性能，甚至能改变用户或消费者的生产方式或消费方式，这种产品无论对市场还是企业来说都是新产品。

全新产品与现有产品毫无雷同之处，如汽车、电话、飞机、尼龙、复印机等产品的问世，都是全新产品的诞生。这种全新产品的出现要依赖于科学技术的重大发明，它的使用会改变消费者或用户的生产方式和生活方式。每一种全新产品的出现都需要先进的技术、大量的资金，对企业的研发能力和风险承受能力的要求都比较高，成功率也低。即使成功，用户和消费者也还需要有一个适应、接受和普及、推广的过程。

2. 换代新产品

换代新产品是指企业在市场已有产品的基础上，采用或部分采用新技术、新工艺、新材料对产品进行革新，使其在性能或品质上有显著提高的产品。如电子计算机、手机等产品，从其诞生以来，基本功能并无太大变化，却在不断更新换代，推陈出新，满足消费者求新求异的需要。例如，电子管→晶体管→集成电路→大规模集成电路，单缸洗衣→双缸洗衣机→全自动洗衣机等，都是换代新产品。换代新产品使原有产品发生了部分质的变化。

3. 改进新产品

改进新产品是指企业对现有产品的结构、品质、功能、款式、花色及包装等进行突破并加以改进的产品。改进后的新产品具有新的特性，但技术含量往往不高，可提高原有产品的质量或实现产品多样化，满足消费者对产品更高的要求，或满足不同消费者的不同要求。这是企业依靠自己的力量最容易开发的新产品，如台扇→落地扇，牙膏→药物牙膏等，都属于这种改进型产品。

4. 仿制新产品

仿制新产品是指企业对国内外市场上已有的产品进行模仿生产，形成本企业的新产品。这种新产品开发不需要太多资金、高端技术或大型研发中心，只需要有敏锐的观察和积极的跟进。这是典型的市场跟随者的产品开发策略。如市场上出现的新品牌的电冰箱、抽油烟机、鞋、化妆品、酒类等，大多是企业仿照市场上已有同类产品生产的。

流程 3　"古典与新可口可乐"案例分析

阅读案例，回答问题。

【案例引入】

古典与新可口可乐

自从1886年亚特兰大药剂师约翰·潘伯顿发明神奇的可口可乐配方以来，可口可乐在全球开拓市场可谓无往不胜。1985年4月23日，为了迎战百事可乐，可口可乐在纽约宣布更改其行销99年的饮料配方，此事被《纽约时报》称为美国商界一百年来最重大的失误之一。

在20世纪80年代，可口可乐在饮料市场的领导者地位受到了挑战，其可口可乐在市场上的增长速度从每年递增13%下降到只有2%。

在巨人踌躇不前之际，百事可乐却创造着令人注目的奇迹。它首先提出"百事可乐新一代"的口号。这一广告活动抓住了那些富于幻想的青年人的心理。这一充满朝气与活力的广告，极大地提高了百事可乐的形象，并牢固地建立了它与软饮料市场上最大部分的消费者之间的关系。在第一轮广告攻势大获成功之后，百事可乐公司仍紧紧盯着年轻人不放，继续强调百事可乐的"青春形象"，又展开了号称"百事挑战"的第二轮广告攻势，在这轮攻势中，百事可乐公司大胆地对顾客口感试验进行了现场直播，即在不告知参与者在拍广告的情况下，请他们品尝各种没有品牌标志的饮料，然后说出哪一种口感最好，试验过程全部直播。百事可乐公司的这次冒险成功了，几乎每一次试验后，品尝者都认为百事可乐更好喝，"百事挑战"系列广告使百事可乐在美国的饮料市场份额从6%猛升至14%。

可口可乐公司不相信这一事实，也立即组织了口感测试，结果与"百事挑战"中的一样，人们更喜爱百事可乐的口味。市场调查部的研究也表明，可口可乐独霸饮料市场的格局正在转变为可口可乐与百事可乐分庭抗礼。20世纪70年代，18%的饮料消费者只认可口可乐这一品牌，认同百事可乐的只有4%，到了80年代只有12%的消费者忠于可口可乐，而只喝百事可乐的消费者则上升到11%，与可口可乐持平的水平。而在此期间，无论是广告费用的支出还是销售网站，可口可乐公司都比百事可乐公司高得多。它拥有两倍于百事的自动售货机、优质的矿泉水，更多的货架空间及更具竞争力的价格，但是为什么它仍然失去了原属自己的市场份额呢？

面对百事可乐的挑战，1980年5月，可口可乐董事会接受了奥斯丁和伍德拉夫的推荐，任命戈伊祖艾塔为总经理。在戈伊祖艾塔于1981年3月成为公司的董事长之后，唐纳德·

基奥接任总经理。

不久，戈伊祖艾塔召开了一次全体经理人员大会，他宣布，对公司来说，没有什么是神圣不可侵犯的，改革已迫在眉睫，人们必须接受它。于是，公司开始将注意力转移到调查研究产品本身的问题上来，证据日益明显地表明，味道是导致可口可乐衰落的唯一重要的因素，已经使用了99年的配方，似乎已经合不上今天消费者的口感要求了。在这种情况下，公司开始实施堪萨斯计划——改变可口可乐的口味。

可口可乐公司在研制新可乐之前，秘密进行了代号"堪萨斯工程"的市场调查行动，它出动了2 000名市场调查员在10个主要城市调查顾客是否接受一种全新的可口可乐，问题包括：可口可乐配方中将增加一种新成分使它口感更柔和，你愿意吗？假如可口可乐将与百事可乐口味相仿你会感到不安吗？你想试试一种新饮料吗？调查结果表明只有10%~12%的顾客对新口味的可口可乐表示不安，而且其中一半表示会适应新的可口可乐，这表明顾客们愿意尝试新口味的可口可乐。但是另外一些测试却提供了一些相反情况，大小不同的消费者团体分别表明了强烈的赞成和不赞成的情绪。

1984年9月，可口可乐公司技术部门决定开发出一种全新口感、更惬意的可口可乐，并且最终拿出了样品，这种"新可乐"比可口可乐更甜、气泡更少，因为它采用了比蔗糖含糖量更多的谷物糖浆，是一种带有柔和的刺激味的新饮料。公司立即对它进行了无标记味道测试，测试的结果令可口可乐公司兴奋不已，顾客对新可乐的满意度超过了百事可乐，市场调查人员认为这种新配方的可乐至少可以将可口可乐的市场占有率推高1%~2%，这就意味着增加2亿~4亿美元的销售额。

为了确保万无一失，在采用新口味之前，可口可乐公司投入400万美元，进行前所未有的大规模口味测试。在13个城市中约19.1万人被邀请参加了无标记的不同配方的可口可乐的比较。55%的参加者更喜欢新可乐，这表明可口可乐击败了百事可乐。调查研究的结果似乎证明，支持新配方是不容置疑的了。

新可乐投产之前，一系列辅助性的决定必须相应地实施。例如，必须考虑是在产品大类中加入新口味的可乐还是用它来替代老可乐。在反复考虑以后，公司的高级经理们一致同意改变可口可乐的味道，并把旧可乐撤出市场。

1985年4月23日，可口可乐公司董事长戈伊祖艾塔宣布经过99年的发展，可口可乐公司决定放弃它一成不变的传统配方，原因是现在的消费者更偏好口味更甜的软饮料，为了迎合这一需要，可口可乐公司决定更改配方调整口味，推出新一代可口可乐。为了介绍新可乐，戈伊祖艾塔和基奥在纽约城的林肯中心举行了一次记者招待会。请柬被送往全国各地的新闻媒介机构，大约有200家的报纸、杂志和电视台的记者出席了记者招待会，但他们大多数人并未信服新可口可乐的优点，他们的报道一般都持否定态度。新闻媒介的这种怀疑态度，在以后的日子里，更加剧了公众拒绝接受新可口可乐的心理。

消息迅速地传播开来。

81%的美国人在24小时内知道了这种转变，这一数字超过了1969年7月知道尼尔·阿姆斯特朗在月球上行走的人数。

1.5亿人试用了新可口可乐，这也超过了以往任何一种新产品的试用记录，大多数的评论持赞同态度,瓶装商的需求量达到5年来的最高点。决策的正确性看来是无可怀疑了,但这一切都是昙花一现。

在新可乐上市4小时之内,接到抗议更改可乐口味的电话达650个;到5月中旬,批评电话每天多达5 000个;6月份这个数字上升为8 000多个。由于宣传媒介的煽动,怒气迅速扩展到全国。对一种具有99年历史的饮料配方的改变,本来是无足轻重的,可如今却变成了对人们爱国心的侮辱。堪萨斯大学社会学家罗伯特·安东尼奥论述道:"有些人感到一种神圣的象征被粗暴地践踏了。"甚至戈伊祖艾塔的父亲也从一开始就反对这种改变。他告诫他的儿子说这种改变是失败的前奏,并开玩笑地威胁说要与儿子脱离关系。公司的领导们开始担心消费者联合起来抵制其产品。

他们看到的是灾难性的上市效果:"我感到十分悲伤,因为我知道不仅我自己不能再享用可口可乐,我的子孙们也都喝不到了……我想他们只能从我这里听说这一名词了。"人们纷纷指责可口可乐作为美国的一个象征和一个老朋友,突然之间就背叛了他们。有些人威胁说以后不喝可口可乐而代之以茶或白开水。下面是这些反应中的几个例子:"它简直糟透了!你应该耻于把可口可乐的标签贴在上面……这个新东西的味道比百事可乐还要糟糕。""很高兴地结识了你,你是我33年来的老朋友了,昨天我第一次喝了新可乐,说实话,如果我想喝可乐,我要订的将是百事可乐而不是可口可乐。"

在那个春季和夏季里,可口可乐公司收到的这样的信件超过了4万封。在西雅图,一些激进的忠诚者(他们称自己为美国喝可口可乐的人)成立"美国老可口可乐饮用者"组织来威胁可口可乐公司:如果不按老配方生产,就要提出控告。在美国各地,人们开始囤积已停产的老可口可乐,导致这一"紧俏饮料"的价格一涨再涨。当7月份的销售额没有像公司预料的那样得到增长以后,瓶装商们要求供应老可乐。

公司的调查也证实了一股正在增长的消极情绪的存在。新可乐面市后的三个月,其销量仍不见起色,而公众的抗议却愈演愈烈。最终可口可乐公司决定恢复传统配方的生产。这一消息立刻使美国上下一片沸腾,当天即有18 000个感激电话打入公司免费热线。当月,可口可乐的销量同比增长了8%,股价攀升到12年来的最高点每股2.37美元。但是可口可乐公司已经在这次的行动中遭受了巨额的损失。

案例反思:

(1) 新可乐失败的原因是什么?
_____
_____。

(2) 根据以上案例总结出新产品策划时最关键的因素。
_____
_____。

> 要点提示

新产品开发的原则

企业开发新产品,要遵循以下四个原则。

1. 有市场

所谓有市场,是指要根据市场需求选择产品开发的重点。企业产品开发的目的是满足消费者尚未得到充分满足的需求;企业开发的新产品能否适应市场需求,是产品开发成功与否的关键。因此,必须通过深入的市场调研和科学的预测,分析消费者需求变化的趋势,以及对产品的品质、性能、款式、包装等方面的要求,研制开发满足市场需求的新产品。不能满足市场需求,或者虽然能够满足某一需求,但市场需求量太小的产品,均不宜研制开发。

2. 有创新

新产品之所以"新",就表现在它的独特性。与旧产品形成鲜明的对比、独具特色且别具一格的新产品,是使消费者产生购买欲望并使之转化成购买行为的推动力。

值得注意的是,开发新产品既要多样化,又要保持前后衔接,使企业能持续地以新颖、适销对路的产品供应市场。同时,应提高新产品开发通用化、标准化和系列化水平,这既能减少设计、制造的工作量,加速新产品开发和制造的进程,也便于使用、维护和保养,从而降低开发制造和使用过程的费用。此外,新产品应符合国家颁布的政策、法令和法规,企业若不注意相关的法令法规,会使其付出巨大人力和财力开发出的新产品因不符合国家的能源、环保、安全卫生、技术等方面的规定,而被扼杀在摇篮之中,使企业遭受难以弥补的损失。

3. 有能力

新产品的开发要求企业有必要的资金、生产条件、研发力量和原材料供应,是一项复杂的工程;企业应量力而行,选择适合的新产品开发方向。

从长远考虑,企业开发新产品最根本的途径,是自行设计、自行研制,采用这种方式开发新产品,有利于产品更新换代及形成企业的技术优势,也有利于产品竞争。然而,自行研制、开发产品,需要企业建立一支实力雄厚的研发队伍,一个深厚的技术平台,还有一个科学、高效率的产品开发流程。

采用技术引进这种方式,企业也可以很快地掌握新产品制造技术,减少研制经费和投入的力量,从而赢得时间,缩短与其他企业的差距,但引进技术不利于形成企业的技术优势和企业产品的更新换代。

改进方式是以企业的现有产品为基础,根据用户的需要,采取改变性能、变换型号式样或扩大用途等措施来开发新产品。采用这种方式可以依靠企业现有设备和技术力量,因此开发费用低,成功把握大,但是长期采用改进方式开发新产品,会影响企业的发展后劲。

4. 有效益

随着全球经济一体化进程的深入和信息网络的形成,市场竞争空前激烈。经济全球化使消费者希望市场能够不断地推出新产品和新服务,也使企业面临着前所未有的开发新产品的巨大压力。成功的新产品不仅能及时收回开发成本和相关费用,而且能给企业带来良好的经济效益和社会效益。因此，新产品开发的创新必须是能带来附加价值的创新，而不是一味地求新求变。如果增加了一项无用或根本很少用到的功能，反而只是增加了成本。

流程 4　"招商银行'一卡通'"案例分析

阅读案例，回答问题。

【案例引入】

招商银行"一卡通"

招商银行是在 1987 年 4 月 8 日经中国人民银行批准并由招商局出资成立的；1989 年进行了首次股份制改造，成为我国第一家完全由企业法人持股的股份制商业银行。经过 17 年的发展，招商银行已从当初偏居深圳蛇口一隅的区域性小银行发展成为一家具有一定规模与实力的全国性商业银行，它以不足国内银行业 4% 的从业人员和 2% 的机构网点支撑起了约占国内银行业 1.6% 的资产规模和 6% 的收益；2000 年还被美国《环球金融》评为中国本土最佳银行；2001 年至 2003 年，招商银行连续 3 年被北京大学和《经济观察报》联合评选为"中国最受尊敬企业"。目前，招商银行总资产逾 5 000 亿元，在英国《银行家》杂志"世界 1 000 家大银行"的排名中居前 200 位。

招商银行不断开拓，锐意创新，在革新金融产品与服务方面创造了数十个第一，较好地适应了市场和客户不断变化的需求，被广大客户和社会公众称誉为国内创新能力强、服务好、技术领先的银行。

招商银行在业务上真正取得突破始于"一卡通"的推出，"一卡通"是招商银行个人业务的核心产品。1995 年 7 月招商银行推出银行卡——"一卡通"，被誉为我国银行业在个人理财方面的一个创举；至今累计发卡量已超过 3 000 万张，卡均存款余额超过 4 500 元，居全国银行卡首位。在中央电视台和《人民日报》联合开展的"全国 34 个主要城市居民消费者喜爱的品牌"调查中，"一卡通"被广大消费者评为"最受欢迎的国内银行卡"之一。

招商银行成立之初是一家以对公业务为主的商业银行，个人储蓄只占银行业务的很少部分。20 世纪 90 年代初，国内经济的快速发展使银行业对公业务风险逐步加大、呆账率逐渐升高，国内银行业对公业务的发展均受到了极为严峻的挑战。而在国际金融界，银行业正在发生巨大变化，电子网络和信息技术在银行领域获得充分重视并广泛运用，新业务、新产品和技术创新不断涌现，成为银行业开辟新市场、寻找新客户和新的利润增长点的有利条件。1992 年，正逢国际银行业的创新浪潮，招商银行敏锐地意识到金融创新的必要性，决定以储蓄业务为突破口，制定了"依托科技创新业务，创立品牌进入大市场"的储蓄发展思路。在产品开发的过程中，由于充分意识到自己在网络规模、员工数量、资产总量上都与国有银行存在较大差距，而机制却相对灵活，招商银行决定利用时间差吸引优质客户，迅速抢占市场。1993 年，招商银行首先在深圳地区实现储蓄通存通兑。1995 年 2 月成立了针对个人银行业务的个人银行部，开始全面进军国内的个人银行业务市场。同时开始对国内沿袭使用了上百年的存单、存折方式展开深入的市场调查和论证，得知消费者需要一种更加小巧、灵活、安全、方便的储蓄形式。于是，以统一的银行业务电子化处理系统为基础，招行向社会大众推出基于客户号管理的，以真实姓名开户、集本外币、定活期、多储种、多币种和多功能于一身的个人综合理财工具——"一卡通"，以先进的计算机处理替代了几十年来传统的储蓄方式。招商银行是国内银行业第一家采取先进的客户管理方式的银行，对储户的账号实行全面的覆盖和系统管理，将客户在银行的所有资金包括本外币、定活期、甚至信用卡全部归类为同一个号，而原来意义上的账号则由这同一个客户号派生出来，类似于建立起完全的个人理财基本账户。充分体现了一切从客户利益出发、客户成为市场主体的观念，不仅使储蓄业务从单一型、分散型向综合型、系统化处理转变，而且实现了单纯储蓄业务向个人理财综合服务的质的飞跃。1996年6月，得益于统一的电子系统架构，"一卡通"实现了国内银行业其他银行想做但一直未能实现的储蓄全国通存通兑。1998年，招行在全国首家推出了网上个人银行，实现了"一卡通"全国范围内的消费。从1996年下半年开始，招商银行每天新增储蓄额数以百万计，发卡量开始以几何倍数增长，到1998年4月，招行一卡通已发行200万张，吸存110亿元，一卡通占招行储户总数的50%，吸存占储蓄存款余额的63%。高科技应用于银行业务开始显现巨大效益。

国家金卡工程的目标是在全国范围内实现银行卡联网，走资源共享道路，充分利用高科技手段和各种计算机网络及电子货币工具，更方便、更快捷地为大众服务，这也是招商银行求之不得的互惠互利之路。招行一卡通的推出和发展顺应了当代电子货币发展的这个大趋势。

"一卡通"能够在精品层出的银行卡市场站稳脚跟，与其庞大的优质客户群有很大关系。招商银行在追求规模的同时强调利润最大化，将"一卡通"的客户有针对性地定位在高薪白领阶层。白领人士资金持有量大且对卡的功能设计要求高，招商银行在技术手段、服务方式、商户发展上对客户需求给予了全方位保证，有效地巩固了客户群。由于客户量小且相对集中于白领阶层，招商银行在网点形象及网点布局等服务策略方面充分考虑到这一点。在网点形象上，不仅装修统一、配套设施齐全、人员服务规范，而且基本附有自助银行或自助设备，为现代白领阶层提供更多的个性化选择；在网点布局上充分体现了宁缺毋滥的原则，网点主要集中在重要商业街、写字楼等白领工作、生活集中的地区，而在火车站等外来流动人口集中的地区，网点数量反而不多，充分体现了以客户为中心的理念。

为更好地满足市场需求，招商银行为"一卡通"注入更多的科技含量和服务功能，并致力对"一卡通"已有业务品种和功能进行整合、完善，加快业务门类和服务品种多元化的开发，逐步构建起一个多层面、多元化，包含个人资产、负债、中间业务的全方位、综合性个人银行理财架构。随后，招商银行发行全国第一张"INTERLINK"卡，建立全国第一家离行式自助银行，第一个在国内推出网上支付业务；同时，以"一卡通"为依托的储蓄业务于1997年3月26日率先在深圳地区建立和实施ISO9001储蓄服务质量体系并通过认证，同时获得了英国BSI、中国船级社两家权威认证机构颁发的质量认证证书，成为国内第一家通过ISO9001认证的商业银行。经过多年的持续开发，"一卡通"已具备一卡多户、通存通兑、约定转存、自动转存、电话银行、手机银行、查询服务、商户消费、ATM取款、CDM取款、自助转账、代理业务、证券转账、证券买卖、质押贷款、酒店预订、网上支付、长话服务、IP电话服务、外汇买卖等多项功能，这些功能以"安全、快捷、方便、灵活"

的特点为客户带来了收益和便利:"一卡通"证券转账和炒股功能,吸引了大批股民;自动转存、卡折互转功能,使个人存款业务从柜台服务不断向外延伸,借助电话银行和网上银行走进千家万户,使人们实现了"足不出户,理财购物"的梦想;自助缴费功能,打破了时间、地域的界限,解决了多年来居民缴费难的问题,延伸了银行的服务空间;手机银行功能使"一卡通"真正成为客户"随身携带的银行"。短短几年间,招商银行"一卡通"在全国已拥有3 300多万个用户,吸存数百亿元,产生了良好的经济效益和社会效益,成为国内银行卡中具有鲜明个性的特色品牌。

自"一卡通"打响品牌以来,招行一直没有停下它创新的脚步。在当前我国广大老百姓金融意识比较差,人们还普遍习惯于使用现金和银行存折的情况下,在商业银行竞争激烈、争相向公众提供近于同质的各种金融工具的形势下,招行又马不停蹄地开通了"一卡通"POS全国消费网,即只要持有招行"一卡通"就可以在北京、上海、深圳、沈阳、广州、武汉等16个大中城市的3 000多家招商银行特约商户直接刷卡结账。这一功能的开通,标志着招商银行个人金融服务的柜台、自动柜员机和消费终端三大系统已实现网络化经营,从而不仅使"一卡通"成为老百姓"口袋中的银行",而且使其直接走进消费市场。当然,"酒香也怕巷子深","一卡通"作为个人理财的金融工具,要让普通老百姓在众多的银行卡中关注它、了解它、拥有它、使用它,并不是那么容易。为了推广"一卡通"这一全国消费联网的新功能,招行举行了全国性的宣传展示活动,以"穿州过省、一卡通行"为主题,充分利用元旦、春节前后居民消费旺季的有利时机,以统一的形象、统一的宣传营销方式在16个大中城市的电视台、电台、报刊等媒体上集中宣传,在银行网点进行服务推广,统一组织员工到各个城市的大型商场和闹市区开展业务巡回展示活动。通过与客户进行面对面的交流、沟通以及现场演示、现场咨询、现场开卡、现场存款、现场消费等便民服务,不仅使广大市民对"一卡通"品牌及其商户消费全国联网功能有了直观的了解,而且有效地促进了市民持卡购物消费。自1998年12月22日以来,该项活动在16城市持续开展,活动效果十分显著,在当地居民和银行界引起了强烈反响。有的市民说:"银行搞这么大的宣传活动还是第一次见到";有的市民则感慨道:"还是招行与市民心连心,招行'一卡通'贴近我们市民的生活。"一位前来采访的记者也由衷地感叹:"招行人市场感觉又好又快,总是领先一步。"据了解,在1998年12月22日至1999年3月8日期间,"一卡通"全国商户消费交易额累计达2.6亿元,消费笔数累积为49万笔,新增发卡54万张,吸收存款30亿元,比同期分别增长了65%、30%、33%、40%。

案例反思:

(1) 分析"一卡通"成功推出的原因。

(2) "一卡通"作为当时招商银行的新产品,在策划初期迎合了怎样的市场需求?

流程 5　"润妍退市"案例分析

阅读案例，回答问题。

【案例引入】

润妍退市

宝洁公司始创于 1837 年，是世界最大的日用消费品公司之一。2002—2003 财政年度，公司全年销售额为 434 亿美元。在《财富》杂志最新评选出的全球 500 家最大工业/服务业企业中，排名第 86 位，并位列最受尊敬企业第七。宝洁公司全球雇员近 10 万，在全球 80 多个国家设有工厂及分公司，其所经营的 300 多个品牌的产品畅销 160 多个国家和地区，其中包括洗发、护发、护肤用品、化妆品、婴儿护理产品、妇女卫生用品、医药、食品、饮料、织物、家居护理及个人清洁用品。

1987 年，自从宝洁公司登陆中国市场以来，在中国日用消费品市场可谓是所向披靡，一往无前，仅用了十余年时间，就成为中国日化市场的第一品牌，虽然后来者联合利华、高露洁等世界日化巨头抢滩中国市场后曾经一度在某些产品线有超过宝洁的表现，却丝毫不减其颜色。时至今日，宝洁公司的系列产品，特别是号称"三剑客"的飘柔、潘婷、海飞丝洗发水系列更是一枝独秀，出尽风头。

世界著名消费品公司宝洁的营销能力早被营销界所传颂，但 2002 年宝洁在中国市场却打了败仗。其推出的润妍洗发水一败涂地，短期内就黯然退市。

润妍是宝洁公司在中国本土推出的第一个，也是唯一的一个原创品牌。因此，无论宝洁公司总部还是宝洁（中国）高层都对"润妍"寄予了厚望，满心希望这个原汁原味倡导"黑发美"的洗发水品牌，能够不负众望，在中国市场一炮而红，继而成为宝洁向全亚洲和世界推广的新锐品牌。宝洁公司为这个新品牌的推广倾注了极大的心力和大量的推广经费。为了扩展"润妍"的产品线，增加不同消费者选购的空间，润妍先后衍生出 6 个品种以更大程度覆盖市场，可是市场的反应却大大出乎宝洁公司的意料。

据业内的资料显示，润研产品在 2001 到 2002 两年间的销售额大约在 1 个亿左右，品牌的投入大约占到其中的 10%。两年中，润妍虽获得不少消费者认知，但据有关资料，其最高市场占有率不超过 3%。这个数字，不过是飘柔市场份额的 1/10。

一份对北京、上海、广州和成都女性居民的调查也显示，在女性最喜爱的品牌和女性常用的品牌中，同样是定位黑头发的夏士莲排在第 6 位，而润妍榜上无名，同样是宝洁麾下的飘柔等四大品牌分列 1、2、4、5 位——时间是 2001 年 3 月，润妍上市的半年之后。另一份来自白马广告的调查则表明，看过夏士莲黑亮去屑洗发水的消费者中有接近 24% 的愿意去买或者尝试；而看过润妍广告的消费者中，愿意尝试或购买的还不到 2%。

2001 年 5 月，宝洁收购伊卡璐，表明宝洁在植物领域已经对润妍失去了信心，也由此宣告了润妍的消亡。2002 年 4 月，在经历了中国市场两年耕耘后，润妍全面停产，逐渐退出市场。润妍的退市是宝洁在中国洗发水市场的第一次整体失败，面对染发潮流的兴起，在"黑头发"这块细分市场中，润妍没能笑到最后。

润妍的失利真的意味着宝洁引以为豪的品牌管理能力开始不适应新经济时代的需要了吗？我们可以回过头去看当时的市场背景。1997年，重庆奥妮洗发水公司根据中国人对中药的传统信赖，率先在全国大张旗鼓地推出了植物洗发全新概念，并且在市场上表现得极为优秀，迅速取得了极为显著的市场份额。其后，夏士莲着力打造黑芝麻黑发洗发露，利用强势广告迅速对宝洁的品牌形成新一轮的冲击。一些地方品牌也乘机而起，就连河南的鹤壁天元也推出了黛丝黑发概念产品，欲意争夺奥妮百年润发留下的市场空白。

在"植物""黑发"等概念的进攻下，宝洁旗下产品被竞争对手贴上了"化学制品""非黑头发专用产品"的标签。为了改变这种被动的局面，宝洁从1997年调整了其产品战略，决定为旗下产品中引入黑发和植物概念品牌，提出了研制中草药洗发水的要求，并且邀请了许多知名的中医，向来自研发总部的技术专家们介绍了传统的中医理论。

在新策略的指引下，宝洁按照其一贯流程开始研发新产品。先做产品概念测试，找准目标消费者的真正需求，研究全球的流行趋势。为此，宝洁公司先后请了300名消费者进行产品概念测试。

——"理想中的黑发是什么？"

——"具有生命力的黑发"。绝大多数消费者如是说。

——"进一步的心理感受？"

——"我就像一颗钻石，只是蒙上了尘埃，只要将它擦亮，就可以让钻石发出光芒。"

在调查中，宝洁公司又进一步了解到，东方人向来以皮肤白皙为美，而头发越黑，越可以反衬皮肤的白皙。经过反复3次的概念测试，宝洁公司基本上握住了消费者心目中的理想护发产品——滋润而又具有生命力的黑发最美。

经过了长达3年的市场调查和概念测试，宝洁公司终于在中国酝酿出一个新的产品：推出一种全新的展示现代东方女性黑发美的润发产品，取名为"润妍"，意指"滋润"与"美丽"。在产品定位上，宝洁舍弃了已经存在的消费群体市场而独辟蹊径，将目标人群定位18~35岁的城市高阶女性。宝洁认为，这类女性不盲目跟风，她们知道自己的美在哪里。融传统与现代为一体、最具表现力的黑发美，也许就是她们的选择。但是，重庆奥妮洗发水公司最早提出了黑头发的理念，其经由调研得出的购买原因却是因为明星影响和植物概念，而夏士莲黑头发的概念更是建立在"健康、美丽夏士莲"和"黑芝麻"之上，似乎都没有着力强调"黑发"。

并且，润妍采用的是和主流产品不同的剂型，采取洗发和润发两个步骤，将洗头时间延长了一倍。然而，绝大多数中国人已习惯使用二合一洗发水，专门的护发产品能被广泛接受吗？宝洁公司认为，专门用润发露护发的方法已经是全球的趋势，发达国家约有80%的消费者长期使用润发露。在日本这一数字则达85%，而在中国专门使用润发露的消费者还不到6%。因此，宝洁认为润发露在中国有巨大的潜在市场。针对细分市场的需求，宝洁的日本技术中心又研制开发出了冲洗型和免洗型两款"润妍"润发产品。其中，免洗型润发露是专门为忙碌的职业女性创新研制的。

产品研制出来后，宝洁公司并没有马上投放市场，而是继续请消费者做使用测试，并根据消费者的要求，再进行产品改进。最终推向市场的"润妍"倍黑中草药润发露强调专门为东方人设计，在润发露中加入了独创的水润中草药精华（含何首乌），融合了国际先进技术和中国传统中草药成分,能从不同层面上滋润秀发,特别适合东方人的发质和发色。

宝洁还通过设立模拟货架让消费者检验其包装的美观程度。即将自己的产品与不同品牌特别是竞争品牌的洗发水和润发露放在一起,反复请消费者观看,然后调查消费者究竟记住什么,忘记什么,并据此进行进一步的调整与改进。

在广告测试方面,宝洁让消费者选择她们最喜欢的广告。公司先请专业的广告公司拍摄一组长达6分钟的系列广告,组织消费者来观看;然后请消费者选择她们认为最好的3组画面;最后,根据绝大多数消费者的意见,将神秘的女性、头发、芭蕾等画面进行再组合。广告片的音乐组合也颇具匠心,现代的旋律配以中国传统的乐器古筝、琵琶等,进一步呼应"润妍"产品的现代东方美的定位。

在润妍广告的最终诉求上体现的是"让秀发更黑更漂亮,内在美丽尽释放"。即润妍信奉自然纯真的美,并认为女性的美就像钻石一样熠熠生辉。"我们希望能拂去钻石上的灰尘和沙砾,帮助现代女性释放出她们内在的动人光彩。"具体的介绍是:润妍蕴含了中国人使用了数千年的护发中草药——首乌,是宝洁公司专为东方人设计的,也是首个具有天然草本配方的润发产品。

在推广策略上,宝洁公司润妍品牌经理黄长清认为,杭州是著名的国际旅游风景城市,既有浑厚的历史文化底蕴,富含传统的韵味,又具有鲜明的现代气息,受此熏陶兼具两种气息的杭州女性,与"润妍"要着力塑造的既现代又传统的东方美一拍即合。于是,宝洁选择了从中国杭州起步再向全球推广,并在"润妍"产品正式上市之前,委托专业的公关公司在浙江进行了一系列的品牌宣传。例如,举办书法、平面设计和水墨画等比赛和竞猜活动等,创新地用黑白之美作为桥梁,表现了现代人对东方传统和文化中所蕴含的美的理解,同时也呼应着润妍品牌通过乌黑美丽的秀发对东方女性美的实现。

从宝洁的产品研究与市场推广来看,宝洁体现了它一贯的谨慎。但在三年漫长的准备时间里,宝洁似乎在为对手创造蓄势待发的机会。奥妮败阵之后,联合利华便不失时机地将夏士莲"黑芝麻"草本洗发露系列推向市场,借用了奥妮遗留的市场空间,针对大众人群,以低价格快速占领了市场。对于黑发概念,夏士莲通过强调自己的黑芝麻成分,让消费者由产品原料对产品功能产生天然联想,从而事半功倍,大大降低了概念传播难度。而宝洁在信息传播中似乎没有大力强调它的首乌成分。

并且,宝洁因为四大品牌的缘由,已经成为主导渠道的代表,每年固定6%左右的利润率成为渠道商家最大的痛。一方面,润妍沿袭了飘柔等旧有强势品牌的价格体系,另一方面,经销商觉得没有利润空间而消极抵抗,也不愿意积极配合宝洁的工作,致使产品没有快速地铺向市场,甚至出现了有广告却见不到产品的现象。润妍与消费者接触的环节被无声地掐断了。

案例反思:

(1) 润妍退市的原因是什么?

(2) 根据以上资料，想一想开发新产品应注意哪些方面？

_____
_____。

> **要点提示**
>
> **成功开发的新产品应具有的特征**
>
> （1）微型化、轻便化、在保障质量的前提下使产品的体积变小、质量变轻，便于移动。
> （2）多功能化，使新产品具有多种用途，既方便购买者的使用，又能提高购买者的购买兴趣。
> （3）时代感强，新产品能体现时代精神，培植和引发新的需求，形成新的市场。
> （4）简易化，尽量在结构和使用方法上方便使用者和容易维修。
> （5）利于保护环境，新产品属节能型，或对原材料的消耗很低，或者有利于保护环境，对"三废""三害"的消除有效。
> （6）适应性强，新产品必须适应人们的消费习惯和人们对产品的观念。
> （7）相对优点突出，新产品相对于市场原有的产品来说具有独特的长处，如性能好、质量高、使用方便、携带容易或价格低等。
> （8）人体工程化，对生活消费品要更多考虑到这一点。

实训 13.2　市场营销

实训目标

（1）了解营销策略。
（2）掌握促销策划的方法。

实训流程

流程 1　营销策略

市场营销策略是指企业根据自身内部条件和外部竞争状况所确定的关于选择和占领目标市场的策略。它是制订企业战略性营销计划的重要组成部分，其实质就是企业开展市场营销活动的总体设计。企业制定市场营销策略，目的在于充分发挥企业优势，增强竞争能力，更好地适应营销环境变化，以较少的营销投入获取最大的经济效果。营销策略的制定可以按照以下步骤进行。

（1）确定产品定位。

_____
_____。

（2）确定产品质量功能方案。

＿＿＿

＿＿。

（3）确定产品品牌。

＿＿＿

＿＿。

（4）确定产品包装。

＿＿＿

＿＿。

（5）确定产品服务。

＿＿＿

＿＿。

最值得关注的九大营销策略

1. 情感营销策略

情感营销就是把消费者个人情感差异和需求作为企业品牌营销战略的核心，通过借助情感包装、情感促销、情感广告、情感口碑、情感设计等策略来实现企业的经营目标。在情感消费时代，消费者购买商品所看重的已不是商品数量的多少、质量的好坏及价钱的高低，而是为了一种感情上的满足，一种心理上的认同。情感营销从消费者的情感需要出发，唤起和激起消费者的情感需求，诱导消费者心灵上的共鸣，寓情感于营销之中，让有情的营销赢得无情的竞争。

情感营销策略适合数字营销策略的第三阶段"增强用户黏度"，比如在微博上火热的百事可乐"把乐带回家"微电影，用情感抓住用户，一般在节日推广时常使用。

2. 体验营销策略

体验通常是由于对事件的直接观察或是参与造成的，无论事件是真实的还是虚拟的。体验会涉及顾客的感官、情感、情绪等感性因素，也会包括知识、智力、思考等理性因素，同时也可来自身体的一些活动。体验的基本事实会清楚地反射于语言中，如描述体验的动词喜欢、赞赏、讨厌、憎恨等，形容词可爱的、诱人的、刺激的、酷毙的等。企业为何体验营销呢？体验营销的重要性体现在：消费者的情感需求比重在增加；消费需求的日趋差异性、个性化、多样化；消费者价值观与信念迅速转变；消费者关注点向情感性利益转变。对于现代消费观念的转变，企业必须在品牌推广上下足功夫。对此，企业品牌联播可有效地提高企业品牌知名度，让体验式营销更深层地了解消费者需求。

3. 植入营销策略

植入营销通常是指将产品或品牌及其代表性的视觉符号甚至服务内容策略性融入电影、电视剧或电视节目的各种内容之中，通过场景的再现，让观众在不知不觉中留下对产品及品牌的印象，继而达到营销产品的目的。我们经常在众多电影、电视剧中看到不同品牌的植入,然而数字营销战役中一样可以借用,微视频的植入可以直接照搬到网络平台,同时在各种以内容输出的平台上均可以实现,如网络游戏、微博段子、长微博图文,甚至小说之中。一个大型的植入营销活动,可以成为主角,比如游戏、微视频等,但是在微博段子、长微博中可能只能算是一次整合营销的一个点而已,成不了大的策略。

4. 口碑营销策略

口碑营销是指企业努力使用户通过亲朋好友之间的交流将自己的产品信息、品牌传播开来。这种营销方式成功率高、可信度强,这种以口碑传播为途径的营销方式,称为口碑营销。从企业营销的实践层面分析,口碑营销是企业运用各种有效的手段,引发企业的顾客对其产品、服务及企业整体形象的谈论和交流,并激励顾客向其周边人群进行介绍和推荐的市场营销方式和过程。在第二、第三阶段,都可以使用此策略,口碑营销策略基于社会化媒体平台,强调关系与兴趣,激发大家分享正向口碑的兴趣,为企业品牌正向引导助力。我们曾在论坛、微博上看到关于海底捞众多口碑的传播,还有快书包1小时到货给用户带来的惊喜分享,这些都是口碑碎片,通过用户自行分享出来,当企业使用此策略时,更多的是利用口碑类媒体传播品牌的感受。

5. 事件营销策略

事件营销在英文里叫作 Event Marketing,国内有人把它直译为"事件营销"或者"活动营销"。事件营销是企业通过策划、组织和利用具有名人效应、新闻价值及社会影响的人物或事件,引起媒体、社会团体和消费者的兴趣与关注,以求提高企业或产品的知名度、美誉度,树立良好品牌形象,并最终促成产品或服务的销售目的的手段和方式。简单地说,事件营销就是通过把握新闻的规律,制造具有新闻价值的事件,并通过具体的操作,让这一新闻事件得以传播,从而达到广告的效果。

6. 比附营销策略

比附营销是一种比较有效的营销手段,能让目标受众迅速完成对营销标的物从认识到感兴趣甚至到购买的过程。其操作思路是想方设法将自己的产品或品牌与行业内的知名品牌发生某种联系(攀附知名品牌),并与其进行比较,但承认自己比其稍逊一筹。比如,早些年蒙牛刚刚推出时,与伊利的比附;在互联网中2013年暴风影音推出"中国好老二"的活动,借艾瑞网关于视频排行之势推出了系列的广告、营销活动,这次暴风影音的数字营销战役的策略便是比附营销。

7. 饥饿营销策略

饥饿营销是指商品提供者有意调低产量,以期达到调控供求关系、制造供不应求"假象"、维持商品较高售价和利润率的目的。饥饿营销就是通过调节供求两端的量来影响终端的售价,达到加价的目的。表面上,饥饿营销的操作很简单,定个叫好叫座的惊喜价,把潜在消费者吸引过来,然后限制供货量,造成供不应求的热销假想,从而提高售价,赚取更高的利润。但"饥饿营销"的终极作用还不是调节价格,而是对品牌产生的附加值,这个附加值分正负。谈起饥饿营销,大家最先想到的就是苹果手机,这个世界上越难得到的东西越令人着迷,乔布斯深深了解其中的道理,雷军领衔的小米手机也学到了乔布斯的精髓,小米的饥饿营销一样做得有声有色。这种策略在一些有竞争力的产品推出时可以尝试使用,适合第一、第二阶段。

8. 恐吓营销策略

所谓恐吓营销是指营销者通过广告、营销人员等方式，向目标客户告知某种现存的或者潜在的威胁、危害，以达到销售其自身产品的目的的一种营销方式。但当营销者提供的事实或数据存在夸大或者虚假时，这种行为一般不列入恐吓营销的讨论范畴。恐吓营销在逻辑上的表述为：分析产品→列举提出问题→渲染问题的严重性→从心理上恐吓→采取措施→潜在购买成为现实购买。这种策略适合一些对身体有益的健康类产品或服务、人身安全的产品或服务，比如保险公司、空气净化、安全座椅、保健品、药品、母婴用品、儿童教育……这些企业在使用此策略上效果很明显，但是不要夸大事实，甚至捏造谣言危害竞品，比如因"微波炉有害"的传言，全行业销售量同期相比下降了40%左右，遭受了巨大的损失，微波炉老大格兰仕更是深受其害。这方面需要营销者在运用时格外注意，然而此策略运用得当，效果甚好，比如当年满婷这个品牌，当时九鑫集团耸人听闻地提出了螨虫概念，通过传播让用户知晓螨虫的危害，立刻使许多女性恐慌起来，纷纷掏钱抢购。利用恐吓营销，只要摸准心理，详尽列举，巧妙实施，恐吓适度，就一定能让你的顾虑对号入座！

9. 会员营销策略

会员营销是一种基于会员管理的营销方法，商家通过将普通顾客变为会员，分析会员消费信息，挖掘顾客的后续消费力汲取终身消费价值，并通过客户转介绍等方式，将一个客户的价值实现最大化。与传统营销方式在操作思路和理念上有众多不同，在数字营销战役中，我们更愿意使用数字化手段对企业的会员进行分群、清洗、优化，并制定有针对性的营销策略，比如通过梳理一个电商企业的会员，根据地域、年龄、性别、习惯购买品类、购买次数等多个维度进行分群，在促销时针对不同群体进行不同内容的传播。一个电商品牌通过会员营销，在一次大促时整体销量中"会员营销"的数据占据了40%。可见会员营销的重要性，在会员营销策略上所做的是大数据的事情。

流程 2　促销活动

根据以下提示，写出相应的促销方案。

（1）促销活动的目的。首先我们要明确此次活动的目的是什么，是处理库存？是提升销量？是打击竞争对手？是新品上市？还是提升品牌认知度及美誉度？只有目的明确，才能够合理地根据企业自身的情况、市场的需要量身订制一份方案。

_____
_____。

（2）促销活动的对象。分阶段列出来：此次活动中参与的商品是哪些？哪些商品作为活动的主要商品？哪些商品针对的是目标市场的每一个人还是某类特定群体？活动控制在多大范围内？哪些人是促销的主要目标？哪些人是促销的次要目标？这些选择的正确与否会直接影响促销的最终效果。

_____
_____。

(3) 促销活动的主题。讲到活动的主题,我们主要是解决两个问题。

①确定促销活动的主题。是国庆、元旦、劳动节、感恩节、母亲节、父亲节,还是本企业的周年庆典,甚至是企业项目招商成功,上述种种都可以作为一个促销的主题,当然这些是根据时间来定的,有一些大众化的节日是人人都知道的,还有部分是别人不知道的,如我公司在哪里新开分公司,哪个分店周年庆典等。

②包装促销活动的主题。现金券、礼券、降价、价格折扣、赠品、抽奖、服务促销、演示促销、消费信用,还是其他促销工具。选择什么样的促销工具和什么样的促销主题,要考虑到活动的目标、竞争条件和环境及促销的费用预算和分配。

在确定了主题之后,要尽可能艺术化地"扯虎皮做大旗",淡化促销的商业目的,使活动更接近于消费者,更能打动消费者。爱多 VCD 的"阳光行动"堪称经典,把一个简简单单的降价促销行动包装成维护消费者权益的爱心行动。这一部分是促销活动方案的核心部分,应该力求创新,使活动具有震撼力和排他性。

_____

_____。

(4) 活动时间和地点。促销活动的时间和地点选择得当会事半功倍,选择不当则会费力不讨好。在时间上尽量让消费者有空闲参与,在地点上也要让消费者方便,而且要事前与城管、工商等部门沟通好。不仅发动促销战役的时机和地点很重要,持续多长时间效果会最好也要深入分析。持续时间过短会导致在这一时间内无法实现重复购买,很多应获得的利益不能实现;持续时间过长,又会引起费用过高而且市场形不成热度,从而降低在顾客心目中的身价。

_____

_____。

(5) 促销活动的广告及合作方式。一个成功的促销活动,需要全方位的广告配合。选择什么样的广告创意及表现手法?选择什么样的媒介炒作?这些都意味着不同的受众抵达率和费用投入。

_____

_____。

(6) 活动前期准备。
①人员安排。

_____

_____。

②物资准备。

_____

_____。

③试验方案。

(7) 活动中期操作。中期操作主要包括活动现场纪律和活动现场控制两个方面。纪律是战斗力的保证，是方案得到完美执行的先决条件，在方案中应对参与活动人员的各方面纪律作出细致的规定。现场控制主要是把各个环节安排清楚，要做到忙而不乱、有条有理。在实施方案过程中，应及时对促销范围、强度、额度和重点进行调整，保持对促销方案的控制。

(8) 后期延续。后期延续主要是媒体宣传的问题，对这次活动将采取何种方式在哪些媒体进行后续宣传？脑白金在这方面是高手，即使一个不怎么样成功的促销活动也会在媒体上炒得盛况空前。

(9) 费用预算。没有利益就没有存在的意义。对促销活动的费用投入和产出应作出预算。当年爱多 VCD 的"阳光行动 B 计划"以失败告终的原因就在于没有在费用方面进行预算，直到活动开展后，才发现公司根本没有财力支撑这个计划。一个好的促销活动，仅靠一个好的点子是不够的。

(10) 意外防范。每次活动都有可能出现一些意外，如政府部门的干预、消费者的投诉、甚至天气突变导致户外的促销活动无法继续进行等。必须对各个可能出现的意外事件做必要的人力、物力、财力方面的准备。

(11) 效果预估。预测这次活动会达到什么样的效果，以利于活动结束后与实际情况进行比较，从刺激程度、促销时机、促销媒介等各方面总结成功点和失败点。

要点提示

促销策划应考虑的因素

对于促销策划来说，要考虑许多影响促销形式和手段选择的因素，才能制定一套比较切实可行的促销策划方案。一般来说，促销策划应该考虑的因素有以下九点。

1. 促销目标

所谓促销目标，是指企业促销活动所要达到的目的。例如，在一定时期内，某企业的促销目标是在某一市场激发消费者的需求，扩大企业的市场份额；而另一企业促销目的则是加深消费者对企业的印象，树立企业的形象，为其产品今后占领市场、提高市场竞争地位奠定基础。

企业的整体促销目标具有阶段性的侧重点,由于促销目标的重点不同,促销组合策略也不同。以提高知名度和塑造良好形象为主要目标时,应以公共关系和广告为主;而以销售商品为主要目标时,公关是基础,广告是重点,人员促销是前提,营销推广是关键。

2. 促销产品的特点

首先是产品类型,生产资料商品具有技术专用性强、价格高、批量大等特性,购买时一般要经过复杂的研究、审批等手续,因此,应以人员促销为主,配合公共关系和营业推广,而广告相对使用较少;消费品主要供个人和家庭生活之用,涉及面广、量大,常常以广告促销为主,辅以公共关系和营业推广,人员促销相对较少。

3. 促销产品生命周期的阶段

产品生命周期是产品的市场寿命,即一种新产品从开始进入市场到被市场淘汰的整个过程。费农认为:产品生命是指市上的营销生命,产品和人的生命一样,要经历形成、成长、成熟、衰退这样的周期。投入期以广告和公共关系为主,其次是人员促销和营业推广;在成长期,虽仍以广告和公共关系为主,但所有促销策略的成本效应都降低;在成熟期以营业推广为主,辅以广告、公共关系和人员促销;在衰退期,仍以营业推广为主,但广告、公共关系和人员促销的成本效应则降低了,其中以人员促销为最低。

4. 促销产品的价格档次

一般来说,高价商品由于使用风险大,应以公共关系和人员促销为主,低价商品以广告和营业推广为主。

5. 促销市场的性质

在诸多市场因素中,主要是市场规模与集中性、购买者类型、消费者心理与行为和竞争对手的促销攻势对促销组合影响较大。市场规模小且相对集中的市场,人员促销是重点;规模大、范围广且分散的市场,则应多采用广告、公共关系和营业推广;对个人家庭消费者应以广告、公关促销为主,辅之以营业推广,对组织用户、集团消费应以人员促销为主,辅之以公共关系和广告;对中间商则宜以人员促销为主,并配合营业推广;根据 AIDA 模式,广告与公共关系在消费者注意阶段比营业推广和人员促销的作用大得多,应当作为促销组合重点选择;在消费者兴趣阶段主要选择广告、公共关系和人员促销方式;在消费者愿望阶段,人员促销是重点;在购买阶段应主要选择人员促销和营销推广,并配合广告与公共关系;企业还要根据自身与竞争对手的实力分析和比较,选择针锋相对的促销方式或避其锋芒的促销组合。

6. 促销投资保障

不同的促销方式、促销组合,需要投入的资金总量不同。为此,企业的财政资金实力及其对促销投资的预算影响和制约着促销组合的选择。既要量力而行,又要用最少的费用实现最佳的促销组合,使其促销费用发挥出最好的效用。

7. 促销管理水平

不同的促销方式、手段,其管理复杂的程度有所不同。一般说来,公共关系和营业推广的管理更为复杂,如果企业管理水平不高,一般不愿意选择;而广告和人员促销相对说来管理简单些,容易被企业选择使用。应当说,这种促销组合的选择是不科学的,但符合企业管理的实际情况,是一种实事求是的组合选择。

8. 促销时机选择

任何商品都会面临销售时机和非销售时机。显然,在销售时机(如销售旺季、流行期、特别活动和节日期等）应当掀起促销高潮，一般要以广告、营业推广为重点；而在平时，则应以公共关系和人工促销为主。

9. 分销渠道的类型

如果企业以中间商为主来分销商品，则应以广告、公共关系为主，为中间商创造有利的销售环境，再配合对中间商的促进，充分调动其积极性。如果企业以直销等非流通渠道的销售方式为主，则重点是公共关系、人员促销和营业推广。

流程3 广告宣传

1. 广告宣传的原则

（1）服从公司整体营销宣传策略，树立产品形象，同时注重树立公司形象。

（2）长期化：广告宣传商品个性不宜变来变去，变得多了，消费者会不认识商品，反而使老主顾也觉得陌生，所以，在一定时段上应推出一致的广告宣传。

（3）广泛化：选择广告宣传媒体多样化的同时，注重抓宣传效果好的方式。

（4）不定期地配合阶段性的促销活动，掌握适当时机，及时、灵活地进行，如重大节假日、公司有纪念意义的活动等。

2. 广告宣传的实施步骤

（1）策划期内前期推出产品形象广告。

（2）销后适时推出诚征代理商广告。

（3）节假日、重大活动前推出促销广告。

（4）把握时机进行公关活动，接触消费者。

（5）积极利用新闻媒介，善于创造利用新闻事件提高企业产品知名度。

3. 制定符合新产品的广告宣传策略方案

_____

_____。

> **要点提示**
>
> **广告策划书的内容结构**
>
> 一份完整的广告策划书一般按下面的结构顺序来安排其内容
>
> **1. 前言**
>
> 前言是整个策划书的总纲部分，这部分主要是详细说明广告策划的宗旨和目标，广告策划项目的由来、经历时间、指导思想、理论依据，以及广告策划书的目录内容，必要时还应阐明企业广告主的营销战略。它的目的是把广告计划的要点提出来，让企业最高层次的决策者或执行人员快速阅读和了解，使最高层次的决策者或执行人员对策划的某一部分有疑问时，能通过翻阅该部分迅速了解细节，这部分内容不宜太长，以数百字为佳。所以，有的广告策划书称这部分为执行摘要。
>
> **2. 市场分析**
>
> 这部分一般涉及四个方面的内容，即市场环境分析、企业经营状况分析、产品分析和消费者分析。再根据市场分析的情况，将广告产品与市场中的同类商品进行比较，并指出消费者的爱好和偏向。如果有可能，也可提出广告产品的改进或开发建议。有的广告策划书称这

部分为情况分析，简短地叙述广告主及广告产品的历史，对产品、消费者和竞争者进行评估。

（1）市场环境分析包括国家经济形势与经济策略分析、市场文化分析、消费者状况（如有效需求的规模、收入水平等）分析、市场商品格局状况分析、竞争对手的产品情况分析和广告策略分析等。

（2）企业经营状况分析包括企业在社会上的形象分析、市场占有率分析、企业自身的资源和目标分析、品牌面临的机会与威胁分析等。

（3）产品分析包括产品的特征（如性能、质量、价格、外观与包装等）分析、产品生命周期分析、产品的品牌形象分析、产品定位分析等。

（4）消费者分析包括消费者的构成（如总量、年龄、职业、收入等）分析、消费者的态度（如喜爱程度、偏好程度等）分析、消费者的行为（如购买动机、购买时间、购买频率等）分析、消费能力分析、消费时尚分析、潜在消费者分析等。

3. 广告受众

具体说明目标消费者的基本状况，如年龄、性别、职业、收入、文化程度、数量等，分析其需求和心理特征，根据人口研究结果，列出有关人口的分析数据，概述潜在消费者的需求特征和心理特征、生活方式和消费方式等。

4. 广告地区

根据市场定位和产品定位，决定市场目标，从而确定广告宣传所针对的地区。

5. 广告预算与分配

要根据广告策略的内容，详细列出媒体选用情况及所需费用、每次刊播的价格，最好能制成表格，列出调研、设计、制作等费用。也有人将这部分内容列入广告预算书中专门介绍。

6. 广告策略

要详细说明广告实施的具体细节。撰文者应把所涉及的媒体计划清晰、完整而又简短地设计出来，详细程度可根据媒体计划的复杂性而定。也可另行制定媒体策划书。一般至少应清楚地叙述所使用的媒体、使用该媒体的目的、媒体策略、媒体计划。如果选用多种媒体，则需对各类媒体的刊播及如何交叉配合加以说明。

7. 配套措施和策略

从整体策划的目标和要求出发，提出与广告传播活动相互配合的其他信息手段和方式，如公共关系活动计划、促销活动计划等。

8. 广告效果评估

广告效果评估可在广告前进行，也可在广告后进行；既有事前、事中、事后的测定评估，又有贯穿于整个过程的连续控制，从而总结经验，并且为下一次广告活动提供依据。

在撰写以上内容后，还应按照一定的格式进行编制。设计一个版面精美、要素齐备的封面，列出详细的目录，内文部分一般主要用文字撰写，也可以配以图表，使其更加形象、具体。另外，也可以将广告策划书的基本要点简化成图表形式。

项目 14

企业战略管理

项目导读

企业就像所有的生命体一样具有生命周期，处于不同时期的企业会有不同的特征、面临不同的问题，而新企业面临的问题则更加的严峻。因此，要想使新企业能够快速发展、健康成长，创业者就必须做好成长管理工作。企业管理使企业的运作效率大大增强；让企业有明确的发展方向；使每个员工都充分发挥他们的潜能；使企业财务清晰，资本结构合理，投融资恰当；向顾客提供满足的产品和服务；树立企业形象，为社会多做实际贡献。管理就是效益，企业管理的作用就是为了获取最大的效益。

项目实训

实训 14.1　企业管理

实训目标

（1）了解企业管理的内容。
（2）掌握企业管理的方法。

实训流程

流程 1　学习企业管理的内容，制定管理方案

1. 计划管理

通过预测、规划、预算、决策等手段，把企业的经济活动有效地围绕总目标的要求组织起来。计划管理体现了目标管理。

2. 生产管理

通过生产组织、生产计划、生产控制等手段，对生产系统的设置和运行进行管理。

3. 物资管理

对企业所需的各种生产资料进行有计划的采购、供应、保管、节约使用和综合利用等。

4. 质量管理

对企业的生产成果进行监督、考查和检验。

5. 成本管理

围绕企业所有费用的发生和产品成本的形成进行成本预测、成本计划、成本控制、成本核算、成本分析、成本考核等。

6. 财务管理

对企业的财务活动包括固定资金、流动资金、专用基金、盈利等的形成、分配和使用进行管理。

7. 劳动人事管理

对企业经济活动中各个环节和各个方面的劳动和人事进行全面计划、统一组织、系统控制、灵活调节。

_____
_____
_____
_____
_____
_____
_____。

要点提示

企业管理的职能

1. 计划职能

计划职能是把企业的各项经营管理活动按照实现企业目标的要求，纳入完整方案的全部管理活动。

2. 组织职能

组织职能是按照已制订的计划将企业各种资源从分工协作、部门环节、时间空间等方面系统地结合起来，使之组成协调一致的有机整体，达到企业资源的最佳配置和有效利用。

3. 指挥职能

指挥职能是指管理者根据自己的责任和权限，借助指示、命令等权力手段和权威，有效地指导下属机构和人员履行其职责，以实现计划任务。

4. 监督职能

监督职能是指根据企业经营目标、计划、规范和经济原则，对企业的实际经营活动及其成果进行监督、检查和分析，纠正计划执行中的偏差，确保计划目标的实现。

5. 调节职能

调节职能是为使企业各个方面的关系和各种活动不发生矛盾，建立良好的关系，成为和谐的有机整体而进行的协调活动。

6. 用人职能

用人职能是选拔企业需要的人才，为企业创造更大的价值。

流程2 "德国大众公司的动态薪酬体系"案例分析

阅读案例,回答问题。

【案例引入】

德国大众公司的动态薪酬体系

德国大众是当今世界排名第五的跨国大型汽车工业公司,在美国《财富》杂志按营业额评选的世界500强中排名前30位,总部设在德国沃尔夫斯堡,在我国的一汽大众和上海大众分别占有49%的股份。

大众人力资源管理的核心即两个成功。第一个成功是指使每个员工获得成功,人尽其才,个人才能充分发挥;让员工提合理化建议,增强主人翁意识,参与企业管理。第二个成功是指企业的成功,使企业创造出一流的业绩,使企业像雪球一样越滚越大。

两个成功互为前提,相辅相成,在员工实现自身价值的同时,最大限度地保证企业成功。他们认识到员工应当自由支配一生中的工作时间,对每个员工都应有灵活的安排,通过使员工与其所能适应的工作位置匹配,实现员工的自身价值,最大限度地激发员工的积极性和创造力;防止辞退现象,保证位置的存在,要做到公司不景气时不发生辞退现象,不能遇到困难就辞退职工了事。大众公司强调要建立社会市场经济,企业要承担应有的社会责任。企业要建立动态的薪酬制度,以适应经济状况的变动,使企业成为在市场经济海洋中"有呼吸的企业"。

动态薪酬体系,一是根据公司生产经营和发展情况,以及其他有关因素变动情况,对薪酬制度及时进行更新、调整和完善;二是根据调动各方面员工积极性的需要,如调动管理人员、科研开发人员和关键岗位员工积极性的需要,随时调整各种报酬在报酬总额中的比重,适时调整激励对象和激励重点,以增强激励的针对性和效果。这其中包括基本报酬、参与性退休金、奖金、时间有价证券、员工持股计划、企业补充养老保险等六项。

基本报酬:保持相对稳定,体现劳动力的基本价值,保证员工家庭基本生活。

员工参与性退休金:1996年建立,员工自费缴纳费用,相当于基本报酬的2%,滞后纳税,交由基金机构运作,确保增值。属于员工自我补充保险。

奖金:1997年建立,一为平均奖金,每个员工都能得到,起保底奖励作用;二是绩效奖金,起进一步增强激励力度作用。使员工能分享公司的新增效益和发展成果。

时间有价证券:1998年建立。

员工持股计划:1999年建立,体现员工的股东价值。

企业补充养老保险:2001年建立,设立养老基金。企业补充养老保险相当于基本报酬的5%。

实行以岗位工资为主的工资制度。动态薪酬体系中的基本报酬部分,采取了岗位工资制度形式。

实行岗位工资制度,首先要建立职位分析和岗位评价制度。其次,建立以职位分析和岗位评价制度为基础的岗位(职位)职务等级工资制,共分22级,其中,蓝领工人基本报酬是1至14级,白领是1至22级。

第三,根据员工业绩和企业效益建立奖金制度。按照劳资协定,蓝领工人绩效奖金约占工资总额（基本报酬+奖金）的10%；白领占30%~40%；高级管理人员占40%~50%。

第四，提高工资水平，理顺报酬关系。2000年大众公司总部全体员工年工资平均水平为4.72万马克，最高工资是最低工资的6.25倍。

职位消费：大众公司有一套严格的职位消费管理办法，根据职位高低，管理层人员有金额不等的职位消费权力，既有激励力度，又有约束力度。监事会对董事会成员的职位消费作出决定；董事会对高级管理人员的职位消费作出决定。公司中央人事部对职位消费制定具体实施办法。享有职位消费权力的人员包括高级管理人员120人，中层经理1 700人，基层经理1 180人。职位消费包括签单权、车旅费报销等。如国外子公司副总经理拥有专机，基层科长有两部车，高层管理人员的签单权有分级标准，其中，二级经理的签单权为一年5万马克。

案例反思：

（1）德国大众的动态薪酬体系主要包括哪些内容？
_____
_____
_____
_____。

（2）健全的薪酬体系必需加上科学的绩效考评才能发挥作用，结合德国大众的情况，请谈谈有哪些主要的绩效考评方法？
_____
_____
_____
_____。

流程3　"紧缩机构的木材公司"案例分析

阅读案例，回答问题。

【案例引入】

紧缩机构的木材公司

近几年来，皮克托普木材公司大幅度地扩展。在20世纪初，它创业时只是美国西北部的一个小型锯木厂（作坊），后来它得到了森林地，开始建造越来越大的厂房，到了70年代和80年代初，由于住房和商业建筑大幅度下降，公司又不得不勒紧它的裤带。这意味着公司总部，还有它的销售部门、胶合板厂、装配件厂都要在组织结构上进行大的调整。公司在威斯康星州的胶合板厂的生产过程已经大大自动化了，但是厂里职工的工作岗位却基本上还是50年代那个样子。人事部经理对剥皮车间的工作岗位设置有个新的打算。过去那里有不少非常专业化的手工活：一个工人浸泡原木，一个工人翻滚原木，然后是三个工人剥离树皮，再由一个工人把原木转移到位等。而现在全部过程都在一个大盆里进行，由一个操作工在控制塔里操纵，运来的原木会沿着输送链逐一完成各道工序。只要给那个操作工配备两个非技术工人就够了，在他的指挥下，他们把可能阻塞加工流程的不到位或卡在一起的原木拨正或松开即可。

对那个操作工来说，比以前需要更多的知识、技巧，也负有更大的责任。不过，对另外两个工人来说，除了像以前那样又脏又要担点风险，却只要保留最起码的一点技术即可。皮克托普公司在它的顶峰时，颇为自己公司总部的工作效率自豪。如山成堆的文件里记载着成千上万个客户与产品之间关系的明细账。可现在，工厂生产好了便运往各地区仓库，他们在指定的区域内向各自的客户提供服务。再说，公司总部的所有记录已输入计算机数据库，可以随时调取。在皮克托普公司的重组计划中，针对全国六大地区设立了地区经销办事处（营业所），每个办事处都有计算机直接与中央数据联网。

罗恩·班克斯是皮克托普公司的总经理，他希望维持公司管理系统在行动上的连续性，他坚持他的指示要逐级下达，使每一个管理层都清楚明了新的政策与工作步骤。总经理确实把产品销售的责任委派给一位市场经营副总经理，由他负责所有的地区经销办事处。不过，由于销售收入对财务资金至关重要，总经理指示地区经销办事处的经理们把每天的销售情况直接向公司总会计师汇报。那位负责市场经营的副总经理经常在傍晚时下班视察，而总会计师乔依丝认为不必如此，因此，她不得不关照那些地区办事处的经理们把精力放在明天打算干什么。有时候，她的指示与那位副总经理的吩咐相左。

皮克托普公司在重组结构上货真价实的效益是减少了管理层次，许多中间管理层次再也不见了，留下的经理们精神抖擞，结果呢，每个人比以前照看更多的业务。

案例反思：

（1）是什么因素促使皮克托普公司调整组织结构的？还有哪些因素会影响企业的组织结构？

_____
_____
_____
_____。

（2）胶合板厂前后采用了哪两种岗位设计方法？是什么提高了工人们的工作质量？

_____
_____
_____
_____。

（3）该公司还存在哪些管理方面的问题？

_____
_____
_____
_____
_____。

流程 4 "两位年轻人辞职引起的薪资制度改革"案例分析

阅读案例,回答问题。

【案例引入】

两位年轻人辞职引起的薪资制度改革

一家在同行业居领先地位、注重高素质人才培养的高技术产品制造公司,不久前有两位精明能干的年轻财务管理人员提出辞职,到提供更高薪资的竞争对手公司里任职。其实,这家大公司的财务主管早在数月前就曾要求公司给这两位年轻人增加薪资,因为他们的工作表现十分出色。但人事部门的主管认为,这两位年轻财务管理人员的薪资水平,按同行业平均水平来说,已经是相当高的了,而且这种加薪要求与公司现行建立在职位、年龄和资历基础上的薪资制度不符合,因此拒绝给予加薪。

对这一辞职事件,公司里的人议论纷纷。有人说,尽管这两位年轻人所得报酬的绝对量高于行业平均水平,但他们的表现出色,这样的报酬水准是很难令人满意的。也有的人质疑,公司人事部门的主管明显地反对该项提薪要求,但是否应当由了解其下属表现好坏的财务部门主管对本部门员工的酬劳行使最后决定权?公司制定了明确的薪资制度,但它是否与公司雇佣和保留优秀人才的需要相适应呢?公司是否应当制定出特殊的条例来吸引优秀人才,或者还是让那些破坏现行制度的人离开算了?这些议论引起了公司总经理的注意,他责成人事部门牵头与生产、销售、财务等各部门人员组成一个专案小组,就公司酬劳计付方式广泛征求各部门职工的意见,并提出几套方案,供下月月初举行的公司常务会讨论和决策之用。

案例反思:

(1) 试分析为什么两位年轻人要离开?对两位年轻人拿到了高于同行业平均水平的薪资仍没感到满意,予以解释。

_____
_____
_____
_____。

(2) 人事部门认为,公司按职位、年龄和资历计付薪资的制度既已明确颁布,就应严格遵照执行,哪怕因此而流失优秀人才。你对这种行为持何种看法?公司总经理准备考虑薪资制度的改革问题,你会给他提什么建议?

_____
_____
_____
_____。

> **要点提示**

薪酬制度的改进和创新

1. 建立具有公平性和竞争力的薪酬制度

公平是实现薪酬达到满足与激励目的的重要成分之一，企业的每一个员工都希望自己的付出与回报是成正比的，这样他们才会觉得自己的付出是值得的，才能够使自己得到满足，并且会增强对企业的信任，提高工作的积极性和热情。企业还需要不断地将自己的薪酬水平与市场薪酬水平进行比较，使企业在本地区同行业甚至整个市场中保持竞争力，在留住企业核心员工的同时能够吸引更多的优秀人才。

2. 合理发展薪酬的短期激励和长期激励

短期激励一般来说是指工资加奖金，或者是年薪制，其激励的重点主要是当期的经营业绩，长期激励是指企业可以给员工发放股票，或者是对其个人职业发展的激励，目前大部分企业都侧重于短期激励，对员工的长期激励相对较少，但是员工如果片面追求短期利益，将会对企业长期的发展产生不良的影响。由于许多决策往往需要几年之后才能显现，如果没有相应的长期激励，就可能诱发员工的短期行为而损害企业的根本利益。因此，企业需要合理地控制好长期激励和短期激励的比重。

3. 实行薪酬透明化

有些企业认为薪酬的透明化会使员工管理陷入一种恶性循环中，影响员工之间的和睦以及整个企业的内部关系，实际上实行薪酬透明化只是旨在向员工传达一个信息，使薪酬高的员工知道自己的努力没有白费，也使薪酬低的人能够发现自己的不足，并予以改正。薪酬的透明化要建立在公平、公正、公开的基础之上，才能够不引起员工之间的矛盾，具体可以包括以下做法：让员工参与薪酬的制定，在制定薪酬制度时除各部门领导参与外，也应该有一定数量的员工代表，让他们来反映员工的看法意见；发布文件向员工详细地说明工资制度制定的过程；制定好的工资制度要确保每一个员工都明白，尽可能地不要产生误解；还可以设立一个员工反馈信箱，随时解答员工在薪金上的疑问，处理员工投诉。

4. 固定薪酬和浮动薪酬相结合

人永远需要改变来发展自己，如果员工的工资长时间固定不变，那么一定会大大削减员工的工作积极性，因此企业需要经常改变员工的工资来达到激励的作用，要将固定薪酬和浮动薪酬结合起来，这样就可以起到不断激励员工的作用。

5. 实现薪酬、绩效和职业发展挂钩

单纯的高薪只能满足企业员工的物质需求，不能满足精神需求，只有与绩效、职业发展相结合的薪酬才能够充分调动员工的积极性，满足员工的精神需求。

6. 设计符合员工需求的福利薪酬

现代企业中，员工的幸福指数也应该成为人力资源管理的一部分，企业在吸引人才的同时必须也要关注员工的幸福工作指数，因此设立一个完善健全的福利薪酬系统，对于提高员工幸福指数，激励员工及吸引和留住人才起着至关重要的作用。

企业在给员工提供福利时，要以动态的观念理解和认识员工的动态需求，不是指简单地给员工怎样的福利，而是要知道员工真正需要的是什么，企业可以根据不同员工的需求制定福利薪酬制度，使之适用于每一位员工，这样不仅能够起到激励员工的作用，还能有效地控制企业成本，实现双赢。

总之，员工激励与薪酬管理是现代企业人力资源管理的核心问题，建立科学合理的薪酬管理制度，发挥薪酬最有效的激励效果，才能造就出一支高效、稳定的员工队伍，从而提高企业的整体竞争力，促进企业目标的实现，以及实现企业可持续发展。

实训 14.2　战略管理

实训目标

（1）了解战略管理的流程。
（2）掌握战略管理的实施方法。

实训流程

流程 1　战略管理的流程

1. 确定组织当前的宗旨、目标和战略

定义公司的宗旨旨在促使管理当局仔细确定公司的产品和服务范围。对"我们到底从事的是什么事业"的理解关系到公司的指导方针。

_____

_____。

2. 分析环境

环境分析是战略管理过程的关键环节和要素。组织环境在很大程度上规定了管理当局可能的选择。成功的战略大多是那些与环境相适应的战略。应很好地分析公司所处的环境，了解市场竞争的焦点，了解政府法律、法规对组织可能产生的影响，以及公司所在地的劳动供给状况等。其中，环境分析的重点是把握环境的变化和发展趋势。关于环境的信息可以通过各种各样的外部资源来获取。

_____

_____。

3. 发现机会和威胁（Opportunity-Threat）

分析了环境之后，管理当局需要评估环境中哪些机会可以利用，以及组织可能面临的威胁。机会和威胁都是环境的特征。威胁会阻碍组织目标的实现，而机会则相反。

在分析机会和威胁时，如下因素是关键的：竞争者行为、消费者行为、供应商行为和劳动力供应。技术进步、经济因素、法律-政治因素、社会变迁等一般环境虽不对组织构成直接威胁，但作为一种长期计划，管理者在制定战略时也必须慎重考虑。分析机会和威胁还必须考虑压力集团、利益集团、债权人、自然资源及有潜力的竞争领域。如某公司发现竞争对手在开发新产品并削减价格，该公司所做的反应首先应是加强广告宣传、提高其品牌的知名度。

_____

_____。

4. 分析组织的资源

这一分析将视角转移到组织内部：组织雇员拥有什么样的技巧和能力？组织的现金状况怎样？在开发新产品方面一直很成功吗？公众对组织及其产品或服务的质量的评价怎样？

这一环节的分析能使管理当局认识到，无论多么强大的组织，都在资源和能力方面受到某种限制。

_____

_____。

5. 识别优势和劣势（Strength-Weakness）

优势是组织可资开发利用以实现组织目标的积极的内部特征，是组织与众不同的能力（Distinctive Competence），即决定作为组织竞争武器的特殊技能和资源；劣势则是抑制或约束组织目标实现的内部特征。经理们应从市场、财务、产品、研究与发展等方面评价组织的优势和劣势。内部分析同样也要考虑组织的结构、管理能力和管理质量，以及人力资源、组织文化的特征。通过各种各样的报告来获得有关企业内部优势和劣势的信息。

_____

_____。

6. 重新评价组织的宗旨和目标

按照 SWOT（Strengths-Weaknesses-Opportunities-Threats）分析和识别组织机会的要求，管理当局重新评价公司的宗旨和目标。

_____

_____。

7. 制定战略

战略需要分别在公司层、事业层和职能层设立。在这一环节组织将寻求组织的恰当定位，以便获得领先于竞争对手的相对优势。

_____

_____。

8. 实施战略

无论战略制定得多么有效，如果不能恰当地实施，仍不可能保证组织的成功。另外，在战略实施过程中，最高管理层的领导能力固然重要，但中层和基层管理者执行计划的主动性也同样重要。需要通过招聘、选拔、处罚、调换、提升乃至解雇职员以确保组织战略目标的实现。

_____

_____

_____。

9. 评价结果

战略管理过程的最后一步是评价结果：战略的效果如何？需要做哪些调整？这涉及控制过程。

_____

_____。

要点提示

战略管理建设与实施过程

战略管理，主要是指战略制定和战略实施的过程。一般说来，战略管理包含四个关键要素。

战略分析——了解组织所处的环境和相对竞争地位。

战略选择——战略制定、评价和选择。

战略实施——采取措施发挥战略作用。

战略评价和调整——检验战略的有效性。

（1）战略分析的主要目的是评价影响企业目前和今后发展的关键因素，并确定在战略选择步骤中的具体影响因素。

战略分析包括三个主要方面。

①确定企业的使命和目标。它们是企业战略制定和评估的依据。

②外部环境分析。战略分析要了解企业所处的环境（包括宏观环境、微观环境）正在发生哪些变化，这些变化给企业将带来更多的机会还是更多的威胁。

③内部条件分析。战略分析还要了解企业自身所处的相对地位，具有哪些资源及战略能力；还需要了解与企业有关的利益和相关者的利益期望，在战略制定、评价和实施过程中，这些利益相关者会有哪些反应，这些反应又会对组织行为产生怎样的影响和制约。

（2）战略分析阶段明确了"企业目前状况"，战略选择阶段所要回答的问题是"企业走向何处"。

第一步需要制定战略选择方案。在制定战略过程中，当然是可供选择的方案越多越好。企业可以从对企业整体目标的保障、对中下层管理人员积极性的发挥及企业各部门战略方案的协调等多个角度考虑，选择自上而下的方法、自下而上的方法或上下结合的方法来制定战略方案。

第二步是评估战略备选方案。评估备选方案通常使用两个标准：一是考虑选择的战略是否发挥了企业的优势，克服劣势，是否利用了机会，将威胁削弱到最低程度；二是考虑选择的战略能否被企业利益相关者所接受。需要指出的是，实际上并不存在最佳的选择标准，管理层和利益相关团体的价值观和期望在很大程度上影响着战略的选择。另外，对战略的评估最终还要落实到战略收益、风险和可行性分析的财务指标上。

第三步是选择战略。即最终的战略决策，确定准备实施的战略。如果由于用多个指标对多个战略方案的评价产生不一致时，最终的战略选择可以考虑以下几种方法。

①根据企业目标选择战略。企业目标是企业使命的具体体现，因而，选择对实现企业目标最有利的战略方案。

②聘请外部机构。聘请外部咨询专家进行战略选择工作，利用专家广博和丰富的经验，能够提供较客观的看法。

③提交上级管理部门审批。对于中下层机构的战略方案，提交上级管理部门能够使最终选择方案更加符合企业整体战略目标。

最后是战略政策和计划。制定有关研究与开发、资本需求和人力资源方面的政策和计划。

（3）战略实施就是将战略转化为行动。战略实施主要涉及以下问题：如何在企业内部各部门和各层次间分配及使用现有的资源；为了实现企业目标，还需要获得哪些外部资源以及如何使用；为了实现既定的战略目标，需要对组织结构做哪些调整；如何处理可能出现的利益再分配与企业文化的适应问题，如何进行企业文化管理，以保证企业战略的成功实施等。

（4）战略评价就是通过评价企业的经营业绩，审视战略的科学性和有效性。

（5）战略调整就是根据企业情况的发展变化，即参照实际的经营事实、变化的经营环境、新的思维和新的机会，及时对所制定的战略进行调整，以保证战略对企业经营管理进行指导的有效性。战略调整包括调整公司的战略展望、公司的长期发展方向、公司的目标体系、公司的战略及公司战略的执行等内容。

企业战略管理的实践表明，战略制定固然重要，战略实施同样重要。一个良好的战略仅是战略成功的前提，有效的企业战略实施才是企业战略目标顺利实现的保证。另一方面，如果企业没有能完善地制定出合适的战略，但是在战略实施中，能够克服原有战略的不足之处，那也有可能最终导致战略的完善与成功。当然，如果对于一个不完善的战略选择，在实施中又不能将其扭转到正确的轨道上，就只有失败的结果。

流程2 "青啤集团的企业战略管理模式"案例分析

阅读案例，回答问题。

【案例引入】

青啤集团的企业战略管理模式

青岛啤酒集团（以下简称青啤）是国家特大型企业集团，始建于1903年，是我国最早的啤酒生产企业之一。1993年，青岛啤酒股份有限公司成立。1997年，青岛啤酒集团有限公司成立。到1999年年底，青啤集团总资产达到54亿元，生产能力超过150万吨。1988年，青啤集团制定了"大名牌"发展战略。通过"高起点发展，低成本扩张"的途径，青啤在市场风浪的搏击中不断发展壮大。多年来，青啤盲目以名牌自居，认为自己实力雄厚、远销40多个国家和地区，认为自己的啤酒永远是供不应求的。青啤打着光闪闪的金字招牌，躲在计划经济的阴影下裹足不前；青啤依赖计划经济时期的国营商业主渠道，一直停留在两个人批条子卖酒的水平上。每年二三十万吨的产销量，青啤有品牌、无规模，加上洋啤酒的冲击，1996年，青啤的市场份额只剩下可怜的2.3%。青啤高高地停留在金字塔的塔尖上，失去了企业发展的好时机。它既没能走向世界，又失去了自己的老市场，青岛人开始转向喝"崂山"啤酒，因为青啤的价格太高。1996年，青啤新的决策人认为，青啤一不缺品牌、资金，二不缺技术、人才，真正缺的是企业整体的发展战略。为了拓展市场，青啤做了以下几方面的努力。

1. 健全"金字塔式"的产品结构，不断向"金字塔"的中底部延伸

青啤经过长期的调查发现，中国啤酒市场呈现明显的"金字塔"状，中高档啤酒占有不足10%的市场份额，其余是大众消费市场。为了适应这种市场格局，从1997年开始，青啤一改贵族酒的架势，毅然推出适合大众消费的系列产品，定价大都在5元以下，以低价位靠近了普通消费者，在努力发展中低档产品的同时，青啤并没有丢弃掉自己的优势，"高起点发展"与拓展中低档市场并存。"高起点发展"的典型代表是与日本朝日啤酒公司合资建立的深圳青岛啤酒朝日有限公司。该公司引进了世界最先进的纯生啤酒生产设备，年产10万吨，被专家誉为"面向21世纪具有高新技术的样板工厂"。瓶装纯生青岛啤酒自2000年年初上市以来，市场发展非常迅速，前景广阔，引领着中国高档啤酒发展的新潮流。几年来，青啤集团还加大科技开发力度，逐步研制出适合不同消费需求的40多个品种，还开发出青岛啤酒系列产品近百种，有效构筑起了品种层次化的产品结构。

2. 推行"直供模式"和"新鲜度管理模式"，主动寻找和开拓市场

为保障产品快速有效地供应，青啤公司投巨资加快了销售网络的建设，推行销售的"直供模式"。现在，青啤集团已在全国大中城市设立了40多个销售分公司和办事处，初步建成了覆盖全国的市场销售网络，全国市场占有率由原来的2%提高到7%，并正向10%的目标迈进。与此同时，青啤集团实施了"新鲜度管理"模式，减少产成品的流通环节和流通时间，严格限制各分公司和办事处的啤酒库存量。青岛市民可以买到当天的青岛啤酒；山东及邻近省份市场上的消费者可以喝到当周青岛啤酒；边远市场上的消费者则可以喝到当月的青岛啤酒。"新鲜度管理模式"的实施，使市场上青岛啤酒的新鲜度大大提高，有效地促进了啤酒销量的增加和市场的拓展。

3. 通过收购实现低成本扩张战略，低成本扩张是近几年青啤产量迅速提高的首要原因

国内啤酒企业一直是"小而乱、多而散"的局面，全国590多家啤酒企业仅有19家年产量超过了20万吨，国内啤酒业现状为青啤扩张提供了可能。青啤充分利用自己的品牌、资金、技术、政策、规模等五大优势，寻找适合战略需要的扩张对象，通过"破产收购、政策兼并、控股联合"等手段进行资本运营，迅速壮大实力，扩大市场占有率。短短几年时间里，从南到北，青啤在全国已兼并了30多家啤酒企业。在这场收购狂潮中，洋啤酒也未能幸免。从1999年9月开始，青啤已收购了珠海斗门皇妹酿酒有限公司、上海啤酒公司、上海嘉士伯啤酒公司、五星啤酒公司、三环啤酒公司等数家洋啤酒厂。其中，青啤收购上海嘉士伯公司75%的股份耗资1.5亿元；收购亚投公司控股的五星、三环啤酒公司更是创下了2 250万美元的耗资之最。青啤的扩张不是盲目的，而是遵循全国化战略思路进行的，青啤的目的是要发展集团规模经济。

(1) 组建区域作战集团军。青啤收购了大量的中小啤酒厂，将分散的力量凝聚起来，根据并购企业的分布情况，成立了华东、华南、东北、西北、北方等事业部。这些事业部是集团公司领导下的独立体系，统一产供销，统一市场管理。事业部体制的推行，既解决了并购后的管理难题，又使收购后的企业组成了区域作战的能力。青啤的几个事业部，支撑起了青啤生产销售的全国化战略。

(2) 强势企业文化是巨大的凝聚力，它使几十个公司牢牢地结合成一个整体。青啤推行低成本扩张获得成功，其中，强势企业文化起着巨大的作用。这一点在青啤托管崂山啤酒厂的实例中得到充分的证明。青啤托管崂山啤酒厂后，严格贯彻青岛啤酒工艺和质量保证体系；落实了以降低成本、提高效益为目标的承包考核激励机制；严格推行青啤管理模式，建立健全激励约束机制……通过严格的控制，崂山啤酒的生产工艺和技术指标完全达到了青啤的内控标准。可以这样说，青啤低成本扩张的成功，也是青啤推行强势企业文化的成功，否则，青啤收购的一大堆企业只能是一堆散沙。

(3) 实行品牌整合与升华，发展名牌牵动下的系列品牌。青啤在收购初期就树立了防

止"品牌污染"的防范意识。青啤分了三个层次进行品牌管理。一是青岛本地诸厂的纯正青啤；二是正在探讨的利用斗门和三水的良好水质，生产达到青啤标准的产品；三是对其他并购企业未能达到青啤标准的产品，仍然用"青岛啤酒系列产品"命名，但不会直接贴青啤标签，而是保留原品牌名称，即"用你的瓶子"装"我的酒"。青啤的战略是以品种系列化的"青岛"啤酒占领中高档市场，以各地收购企业生产的当地品牌（即第二、第三层次品牌）占领大众市场。这样，"青岛"啤酒的无形资产就与地方品牌的区域心理优势和价格优势有机地结合在一起，形成了"青岛"这个名牌牵动下的系列品牌，有国家名牌"青岛"，又有系列化的地域名牌。

青啤对主品牌和次品牌的处理也非常谨慎。主品牌应该占到总量的50%，这样才能保持住主品牌的拓展能力，其他系列品牌也才会形成"连锁"效应。"青岛"这个品牌在国内外的影响力越来越大，品牌价值越来越高。

案例反思：

（1）青啤的战略管理优势是什么？

_____
_____
_____
_____
_____
_____
_____
_____
_____。

（2）有哪些战略管理的方法值得借鉴？

_____
_____
_____
_____
_____
_____
_____
_____
_____
_____。